東方人的正念與活用

# 直達心之道

## 與心對話 100 錄

東方心教練 Eva ／著

# 目錄 CONTENTS

## 推薦序

序文中的每一位都曾是這片有機田的撒種灌溉者，依陪伴
Eva的生命階段性發展歷程排列。

# 不缺席的愛

大女兒　韓亦宸（緣緣）

　　關於Eva，我認識她已邁入第33個年頭了。四歲的時候她是我幼稚園的園長，六歲的時候我們一起遠渡大西洋來到中南美洲的哥斯大黎加。

　　我聽過人們常說的「第一個孩子照書養」，我想她是做得很徹底的了。試想天下會有多少個母親為了給女兒一個良好的學習環境自己親力親為去應徵幼兒園的園長呢？不過當時的我倒是常為了園長把我叫進辦公室修剪指甲一事鬧彆扭，小孩子我鼓著腮幫子心想「大家都在看我啦！」。但現在回想起來那些兒時泛黃的瑣碎記憶時，卻覺得有種溫暖在心頭……

　　從小我就是個特立獨行的小孩，而我那股叛逆與大膽應該也遺傳自媽媽。當我六歲的時候，外婆在機場淚眼汪汪地握著我媽媽的手說：「妳一個女孩子家怎麼敢一個人帶著小孩到那種從來沒去過的國家啊？這一去什麼時候回來也不知道，妳怎麼這麼大膽啦！」。就這樣大膽的媽媽帶著大膽的女兒踏上了未知的異國冒險旅程，這一去我們的足跡從中南美洲跨越了北美洲，經過了半年的旅程才回到台灣。

　　我曾經在拉斯維加斯賭城走失過，被高大的黑人一把抓起來盤問，想當然爾當時的我聽不懂他說的是哪國語言。只能無辜地等媽媽到櫃檯來領取我。

　　我這天兵的媽媽也曾放我一個人坐上遊覽車自己還沒上車，車子就開了。鎮定的我發現媽媽沒上車就衝到前面和外國司機比手畫腳請他停車，好在是虛驚一場。現在回想起來其實在國外我們有非常多的機會就此流落他鄉，而當時大膽的我們，似乎也大膽到沒有發現這些就天不怕地不怕的攜手闖蕩江湖了。

　　如果真的要說故事的話，我想媽媽這一生的傳奇經歷就可以出一本書了。在她朋友眼中她也是一個非常大膽的人。在當年張老師的同事中就只有她一個人隻身在大陸這麼多年，她離開台灣時是我高中的時候，而她這一去就去了十年。她在大陸看盡了企業與市場叢林的生存遊戲法則，如人飲水冷暖自在心頭。但令我非常詫異的是她待人仍然如此的單純，無論外在環境多麼複雜險惡，她都保有一份對人性的熱情，是這股對生命的熱忱伴隨她一路走來始終沒有改變初心。

　　或許也就是因為這份無條件的單純使她總能逢凶化吉，常常大家聽了她的遭遇都捏了把冷汗，但她總能對生命中許許多多的發生與安排，處之泰然如如不動。就像個小太陽般，一直把這份生命力量傳遞和感染給更多的人。

　　雖然因為分隔兩地使她在我的生活中缺席多年，但是她的愛卻從來沒有缺席過。

　　獻給我最愛的Eva Coach Mom！

在敦化北路開始單親生活。

推薦序

# 我的媽媽是教練

小女兒　韓經淳（歡歡）

## ■ 別讓問題「遺傳」

我是這本書裡年紀最輕、人生經歷最少，但可能是和教練關係最密切，在生活中被教練的機會相對多的一個—我是EVA的小女兒。

有句話說：「媽媽沒做完的功課，女兒就會繼續做。」我發現很多時候人生真的是：有其母必有其女。母親像面好大的鏡子，如果妳有受不了她的地方，說不準妳也有相同的問題存在。「旁觀者清」，我就作為那個旁觀者，看著「母親」這面鏡子，不斷內省，進而發現自己可以成長的問題。

才發現家庭對人的影響真的很大。記得在《為自己出征》女性版—《公主向前走》裡，看著小公主指著另一個人，責怪他這不好那不好，其實只是在發洩積累的情緒。曾經，那是她最不喜歡媽媽對她做的事，但最後她卻成為了母親的翻版。

媽媽曾帶我去朋友工作室體驗「靈性彩油」（AURA SOMA）的測驗，解讀師巴里說，我擁有難得且乾淨無瑕的靈魂，她說這應該感謝我的父母，在我的成長過程中，絲毫不被壓抑、被給予全然的自由，才能保持靈性層面的一塵不染。巴里說：「很多小孩的靈性都有蒙塵，來自於她們孩提時代所受到的制約或暴力，所以妳是很幸運的。」

是的，因為我有個如此圓融的母親，她沒有太多功課讓我去繼承。所以就像巴里所說我根本不該有任何煩惱，有的話也是庸人自擾。她說如果我還對我的生命有任何不滿，那我真該去撞牆…，我知道我是真的很幸運有這樣一個母親，真心的以她為傲！

每個人都身兼不同角色，穿梭在不同關係，「關係」中往往都有「功課」存在，從小與父母的相處影響更是深遠，所以親子教育是何等重要呢？每個家長也需要被教練。

## ■ 俯拾即是的機會教育

有次我和媽媽共同在上海演講，結束後樂嘉老師問我，他說我的用詞很多都很獨到，是平常閱讀了很多書嗎？我回答他：我家有一本好書，媽媽就是我最好的課外讀物！觀察她的言行舉止，常常像閱讀心靈小語，很多詞彙，都是這樣耳濡目染。

關於「教練」一職，媽媽也揉合在母親的角色裡。印象中她不曾以自己的人生經驗、價值觀強加於我，很少擺出「不聽老人言，吃虧在眼前」的姿態。也不會對我念誦「道德經」。你能想像有一個從不說教、不嘮叨的媽媽嗎？許多事她不會輕易評判，或直接告訴妳對錯，不輕易說「這個可以，那個不行！」，我感覺她整個人就是本會走動的書（而且還越變越 "厚"），用她的言行身教在教練我。

歐陽修說讀書有三上：「枕上、馬上、廁上」。我說教練也有三上：餐桌上、枕頭上、計程車上，「趁機」教育無所不在。不要小看我們餐桌上的交流，有時一餐下來吸收的營養，比一桌菜還豐富！曾經，我覺得聽表妹講學校的事—同學間的枝微末節，是很煩的事。為什麼我非得聽那些無關痛癢，又與我無關的事呢？但現在我發現，在這些話題裡，她描述的「事情」大多是表面的，要如何從中聽出味道，靠的不是耳朵，而是「心」。透過聆聽她跟同學間的相處，可以從中了解表妹的待人處世與想法。同樣，媽媽可以從

我生活中的例子說法，聽起來更加趣味和親切。這樣的溝通模式，彼此就像在讀語錄體的書，常常在閒話家常中也可以嚼出大學問。

想起以往我都會打斷表妹的談興，只為圖個耳根子清靜，我就更佩服媽媽的聆聽力，她總是默默的聽著，間或地搭上一兩句，除非是她真的累了，不然從不顯現出一點缺乏興致的模樣，讓講的人覺得受到尊重，就更樂意講下去。

餐桌上，不獨獨講我的事情，媽媽也會聊她工作上的人事物，此外，她的感情在家裡也從不是「私人秘密」。感謝她肯信任我，並教導我有如今的心智可以跟她對話。就這樣，我們時常探討很多人事物，碗盤空了仍捨不得下桌。媽媽曾說，跟我聊天是件很過癮的事！在我們的家庭裡，也很自豪的一點就是：我們幾乎無話不談！

## ■ 去蕪存菁

媽媽的導師瑞哈夏送過我一本書《我的野生動物朋友》，內容是個法裔小女孩，跟著在非洲拍攝野生動物的父母，在叢林生活的真實故事。瑞哈夏覺得小女孩兒很像我。帶著好奇翻開書，頭一頁就在介紹主人翁—純真開朗，想要有個夢中情郎。勇於冒險，言行舉止都充滿野性。她也有點好強，受不了別人幫她拿主意……。

八歲那年，資深翻譯—謙達那來到我們家。看到我，跟媽媽說他很驚嘆在現代竟然還能有這麼純粹的小孩：情緒表達完全不受拘束！他相信這一定是

和媽媽的養育方式有關。是的，媽媽會讓我自由自主的做自己，就像個野生動物…哈哈。

但是也有些人受不了我的「真」（針），他們會被我像短匕一樣的直接或任性刺傷！小時候媽媽常帶我參加公司活動。每當她認真辦公，其他同事的災難就降臨了！媽媽說我曾經拿著鉛筆，追著公司裡的男同事，想要戳他屁股！還會因為不耐煩被大人問些「無聊」的話題而擺臉色。媽媽因為是高階主管，大家不好意思說什麼，只能啞巴吃黃蓮。等我長大媽媽跟我說起，難以想像自己曾經是如此欠打的小孩！（其實有時候還是有點崇拜自己。）

媽媽說，曾經有過一個她輔導的人，很缺乏自信，有一次對方打電話來我們家，是我接的電話。她就想跟我建立起友好關係，開始和我寒暄，沒想到卻被我冷冷的切斷，丁點兒也不想和她溝通。她受到打擊，後來就婉轉地跟媽媽抱怨。面對這種情況，一般父母都會覺得很沒面子，但是媽媽卻沒有！媽媽說她了解她，也了解我。

然而這只是一個「去蕪存菁」的過程，孩子們自然會懂事。媽媽讓我在一個完全自由表達的生長空間，慢慢長出智慧，也保存了真誠本質。

直到有一天，我國三那年的一個晚上，我打電話給單獨在上海工作的媽媽。那天我可能感觸很深，我感謝她從小給我的尊重與自由，讓我深深的發現與同學間有相當大的不同。媽媽說那次通話讓她也感觸很深，她覺得彷彿終於熬出頭了，因為我終於能明白過去她對我的包容和引導，這些都對我的成長極其珍貴，我為此而感恩。

我的國中老師問媽媽，為什麼我可以做到那麼不可思議的誠實，幾乎完全不害怕説真話？媽媽回説因為從小我一直被允許説真話，不管説什麼都不會被指責，所以就養成了最可貴的真誠吧！

以往我的「真」會傷人，雖然現在紮在我「真」上的刺還沒完全「脱落」（不是「剔除」）。我覺得有一些道理，大人不用急著教，小孩長大自然就會明白。

## ■ 教練風格

「循循善誘」是媽媽的教練風格，引導你朝正確的方向探索，自己尋求解決之道，然後「嗨！」，發現自己的內在大師。最後也許再踢你臨門一腳，畫龍點睛！這便是我所領教的教練風格。

有天晚上，我躺在床上問媽媽：當朋友正暗戀另一個人，但她自己也模糊不清，到底是不是真正喜歡對方，而我扮演一個聆聽的角色，可以告訴她們什麼？是要從她們給我的細節去剖析嗎？可是有時候連自己都覺得，這樣做太過「頭腦」。然後媽媽説：基本上，感情這回事，連當事人都不一定明白，別人又怎麼會看得清楚又如何能給建議呢？

我説：那麼我該做些什麼呢？我知道「順其自然，靜觀其變」也是種答案，但又覺得，如果給的是這種答案，別人何必來問妳呢？媽媽回答：妳可以試試用發問的方式，例如朋友不知道自己究竟喜歡A還是B，妳就可以問她：如果兩個同時約妳出去玩，妳會答應誰呢？類似這種問題就好像喝養樂多，可以促進腸胃蠕動，讓她們自己去深入探索。在妳問的問題當中，她們

會越來越趨向自我了解，產生後續的思考和行動。最後的結果，就不是由妳的主觀來判斷的，而是從她自己的發現出來的！

我想這應該也是一種教練風格的體現─好的教練她們總是客觀、不武斷，他們引導人自己解決問題，而不是直接幫忙對方解決。還有就是，從小到大，媽媽打我的次數，三根手指頭數的出來。有人説：當妳在打小孩的時候，是因為希望、覺得她因此會改，還是只是在發洩自己的怒氣？我覺得這句話説的真好！我覺得小孩需要的是「教練」式父母，而不是「馴獸師」。在這篇《我的媽媽是教練》，我不是像寫小學作文《我的媽媽》那樣，並不只是因為她是我母親，所以讚揚她。我很欣賞的是這樣的一個「人」，而她，是我的母親！

有一句廣告詞是：「如果要為我們在一起的日子裝訂一個期限，我希望那會是一萬年。」；我要説：「如果要為媽媽陪伴我們的日子裝訂一個期限，我也希望那會是……一萬年!」

## ■ 十年後…

媽媽在很早以前就有人想幫她出書，我就寫了以上這篇，那時還在讀高中，至今大概有十多年，多了這中間的人生經歷─我在高三下決心回台考大學，至今與媽媽聚少離多，不過也有過幾段日子和她工作，做過助理、市場推廣、台灣心教練學會理事，也曾和媽媽一起上過廣播，演講關於親子教練、「有效提問」題目的講座，親自訪問她的生命故事，撰寫出書文字，我們也會一起去印度上課，我也參加她對心教練的培訓。

當我在與朋友或心教練課堂同學進行coaching，他們會有感而發，請我絕對不能放棄做這件事。雖然目前我追尋著自己的興趣之一，在媒體業工作，不過也始終覺得，與心教練有不解之緣。其實，當初做目前工作的其一念頭，也是希望自己能多在社會磨練，除了在能力上，也有在智慧上的。畢竟，做心教練是一個用生命去做的事情，絕對與自己的修煉脫不了干系。

在寫這段文字的時候，正是我和媽媽一起在醫院安寧病房陪伴著外婆……，我因為人際關係中的一些不圓融，感覺到似乎還不夠格作為一名符合自己期待的心教練。媽媽再次像探照燈一舉照亮誤區，她說醫生也會生病，面前的盆栽小樹要成長也需要陽光、空氣、水和時間……。

媽媽的教練風格有時像「手刀」又快又準，不解時日的議題，被她幾句話就擺平；有時像行雲流水，在對談中輕盈走避任何可能勾起不快的言語，提的問貼著心，徐徐醍醐灌頂。她不會陪你玩「小我」的遊戲，小我則會自然覺得沒趣，讓事情好好往有建設性的地方去、讓你確實能「經一事，長一智。」

我曾感嘆，要是我還經常待在媽媽身邊，我的智慧大概不可同日而語吧！

友人看了我高中寫的心得，用「崇拜」形容我與媽媽間的情感，但我說那是「肯定」。媽媽聽說了也半開玩笑、忿忿不平地拍桌附和：「對呀，如果真的是『崇拜』，你會有那麼不聽話嗎？哈！」我這人真是很picky的，這產品（我媽）我觀察了二十多年，我覺得可以。

最近我曾故作輕鬆，實則怯生生地問媽媽，「還記得妳説過，跟我聊天是件很過癮的事嗎」？

「記得啊！」

「那妳現在還覺得嗎？」

「覺得啊！」

「為什麼？」

「因為總是能和妳聊得很深啊！」

「可是妳跟誰都能聊得很深啊…」

「但妳是我女兒啊！」

謝謝這段「彼此能聊很深的母女緣分」。

# 「生命」或「死命」

財團法人「張老師」基金會台北「張老師」中心副主任委員　黃惠惠

　　E.K.ROSS在「用心去活-生命的十五堂必修課」書中講過一句話：很多人只是存在，從來沒有真正活過。活著對現代人是容易又自然的事，但是怎麼活，活出怎樣的生命卻是需要智慧與態度的。

　　讀完阮老師的大作「直達心之道」後，想到自己從事助人工作幾十年中，深深體悟到當事人的苦惱看似來自環境的阻礙，其實根源是當事人「心」的問題，幫助當事人建設他的心，才能面對環境中各式各樣的壓力與困難。正如中國人常說的「山不轉路轉，路不轉人轉，人不轉心轉」。人，任誰都會遇到困頓、煩惱，解除之道不是剷山改路而已，「人心」才是問題的核心，只要「心」對了，路再崎嶇，山再險峻，都能行走，都能攀登。

　　生活在今天的世界，物質及科技的進步與刺激，讓我們天天計較的是數字的成長、技術的超越、財富的累積。競爭與比較成為生活主軸。「物質化」成為主流價值與生命的新型態，「自我」不見了，「心」也麻木了，失了心的生命、失去自我的生命，不叫「生命」，而是「死命」。死命的快樂來自競爭、比較、掠奪，有心的生命是因為忠於自己、同理與尊重別人而快樂，踏實自在、心安理得。

　　阮老師30年前聆聽自己的心聲擔任「張老師」的工作開始助人生涯；20年前隻身前往上海，發心立志要為所有人的生命發展，培養生命教練；經過了修心階段心腦合一的修練；2014年創心在上海成立東方教練，有系統地培養生命教練；2018年傳心階段開始教練傳承工作，希望更多人成為教練自助助人；到今日的安心階段，沒有恐懼、永遠安心。一路走來，看到她敏銳的覺察能力、真誠與尊重的人格特質、專注堅毅的精神、有心及用心的態度，這是她實現生命使命的最重要憑藉與資產。

　　阮老師的「直達心之道」是一個自我開展、助人開展、自己安心、別人也得到安心的實踐紀錄，謝謝阮老師的無私與愛心，把它分享給大家，讓大家同悟生命的意義、同享生命真正的快樂。

# 過去如此，未來如是

陽明大學人文與社會教育中心教授、諮商心理師　黃素菲

　　我是在「張老師」中心認識「阮妞」的，是的，我們都叫她「阮妞」或是「妞」。當時我還只是個大三的學生，擔任「義務張老師」，那時候妞是專任張老師。已經快40年的友誼，我們不是經常聯繫，卻是一直視彼此為熟識的好友。妞的標準特徵就是：開朗的笑容、爽快的笑聲。

　　妞一直都很勇敢，一直都很真實，一直都是用生命在學習坦然迎接生命丟過來的每一個球。「妞」一直有個神祕的尋父身世，還記得2000年左右，妞才剛轉移陣地到上海不久，我來幫忙講一個課程，晚餐後，我們一起在上海外灘散步，在Häagen-Dazs吃冰淇淋聊天，她一派輕鬆，雲淡風輕的跟我說：我找到我生父了。

　　簡直像是離奇的小說情節，卻活生生發生在我認識的這個朋友身上。這就是妞，對於自己的身世也是像探詢生命學問一樣，好奇、單純、專注。職場經驗豐富，她做過幼稚園園長、保險公司、出版社…，這就是妞，大膽、勇敢、投入。不知道妞被騙過幾次，好像也不妨礙她繼續信任著別人，這就是妞，一派熱情，沒有心機，忠於直覺。她在上海換過幾個住處，總是會選個最好位置，供佛，進到廳裡會感受到自然的寧靜，這就是妞，感性、靈性、悟性。這樣的人，問心30年，來到上海的另一個20年，依著這份初心繼續專心專注專志的耕耘著生活、生涯、生命、三生一體的人生有機田，從事著以心見心、以心傳心的工作，似乎是天經地義、理所當然。

　　我想這本書不是自傳，也不是回憶錄。就像人都需要創意的自我表達，這書是妞跟她朋友，以真誠的書寫，進行親密的對話。25年教練生涯的經驗積累，妞在敘說她的人生體悟：心腦合一，透過訓練；知行合一，透過教練；天人合一，透過修煉。不是酒的廣告，妞一直都Keep walking，過去如此，未來如是。

# 做自己最熱愛的事情是大福報

全球人壽業務長　薛雪

　　二十多年前我遇到Eva，當時她是協助人解決心理問題的專職「張老師」，而我是一家外商保險公司的業務主管，在第一線為公司尋找人才推動業務，兩個截然不同類型的人竟然決定一起共事，我想或許是我們倆人都有著強烈的理想性和人文情懷吧！

　　在商業的世界裡，理想常常需要妥協，但是Eva對於理想的堅持，在世俗的眼光中卻是過於浪漫的，尤其是注重工作績效的業務領域，過於關注人「心」往往也會招致不切實際的批評，包括我也在內！然而Eva仍然稟持她自己的信念，在困難的保險業務工作上交出優異的表現！

　　後來Eva到中國大陸展開培訓人的工作，特別是在「心」的領域為人解惑，我深深覺得Eva終於找到她最熱愛的事情，這是很大的福報，我非常替她開心，這一路走來，我知道Eva經歷了許多挑戰和困難，如今終於成就眾人眼中首屈一指的東方心教練！我這個Eva口中她的總教練真是與有榮焉！聽聞Eva即將把自己在心教練的領悟經驗集結成書，真為妳高興。Eva！

# 覺性常存

陳履潔

　　人在各種環境中，追求方法使自己心安。找到方法又執著此環境用此方法以為是心安，而心並不安，因此不停的要找更好的方法，輪迴不止。

　　我們相識這麼多年，不也是如此度日、度年。願以惟覺老和尚手書，在你出書時與你共勉。

這是「沒有恐懼、永遠安心」的緣起。

# 解脫是在未知中安定

Dr. Rahasya Fritjof Kraft　　瑞哈夏博士

1998年，我接到一通電話，電話裡的女士英文並不流利，她説在澳大利亞拜倫灣的一個社區裡看到了我的課程《從心諮商》的介紹，她很想來參加，但是因為時間的關係沒辦法成行。她問我是否做一對一的會談，我説是的。我和Eva Suranga就是這樣相遇的。

我們做了一次會談，這位勇敢、對人充滿信任的台灣女士就邀請我到台灣講授6天的 "從心諮商" 課程。那時她根本都不認識我。我們之間的友誼就這樣開始了，一直延續到今天。Eva Suranga成為了我在台灣和大陸課程的主辦人。剛開始辦課程的時候，台灣和大陸沒有人知道我的工作，找到對課程感興趣的學員是Eva的一個挑戰，而她對未知的坦然自在總是讓我讚嘆，哪怕有時候只有幾天就要開課了。但她總是那麼的臣服、順天應人、充滿信任和隨順。

當我們不再一起工作時，Eva Suranga成為了專業教練，但她從不自滿，一直都在學習，最終創立了她自己的體系 "東方心教練"。我非常幸運，受邀參加過東方心教練在上海的醒覺日活動，活動中她的學生邀請了自己的家人和朋友，來分享見證團體教練。那是神奇的一天，充滿了臨在、愛和理解。

2018年，我們在中國大陸又有了一次新的合作，對此我充滿了感恩。我非常熱愛和Eva Suranga的學生們一起工作，她們得益於Eva Suranga的教練和指導，使得他們對於覺知、心性、臨在和生命的整體性，有非常深入的體驗和理解。

我好高興看到Eva Suranga的工作如花盛開，還完成了這本書，使得關注生命發展的人可以看到這樣豐富的洞見和實用的理解。這本書好像一本生命的輔導手冊，不僅是給所有教練們的，也是給所有人的。我非常鼓勵讀者讓這本書成為一個啟發，去理解自己的內在，也成為一個音符，通過它聆聽自己的心原本就知道的智慧。

帶著愛和很多祝福！

瑞哈夏、賴佩霞，我們三人合影，佩霞說我是她的貴人。

# 用一生實踐「心」法的教練

迴鄉有機田創始人　李旭清、陳蓮明

## ■ 相識緣起

「緣分」是一種不可思議的「連結」。尤其是在與阮姐（迴鄉有機的夥伴們都這樣稱呼）認識的十七年中，「連結」幾乎是我們無法解釋的關係。

## ■ 相處歷程

優雅、安靜、誠懇、真實應該是阮姐給我們的外在印象。2000年春，我們成立保險經紀人剛一年，在與一位保險界的前輩談起我們成立保險經紀人的時候，這位德高望重的前輩馬上推薦阮姐讓我們認識。他說：我相信她可以跟你們一起共創「用心」經營的保險經紀人公司。

第一次的見面我們是在一家蔬食餐廳共餐。其中對話的內容已經模糊了，但是阮姐的從容、謙和、優雅，至今仍記憶猶新。後來在一起工作的過程中，阮姐總是能在一種屬於她自己氣場的「魅力」中，化解眾多的困難與障礙。也因為這個「魅力氣場」，在她離開台灣前往大陸上海發展之後，我們還特別舉辦一個業務競賽，組團去上海探望阮姐。後來我們為了成立有機農場而搬到苗栗三義，而阮姐也離開保險界，自己在上海開了一家培訓公司，但是我們的「連結」一直維繫著。還記得當時只要回台灣，她都會安排來三義住幾天，一則休養生息、一則交流敘舊，這期間也辦了好幾場心教練的課程。就這樣十多年過去了，無論歲月與事態如何變遷，阮姐依然風采如故、堅持如故、優雅如故。

## ■ 心法教練

很榮幸我們有機會見證阮姐從保險公司的績效教練到企業高管的生命教練再到自創的「東方心教練」的進化歷程。

表面上是一段段事業型態的變化，其實是阮姐探索「心」法的過程，這些都是她生命歷程中的境遇造化，所以後來她將生命教練發展成東方心教練，應該是水到渠成的必然趨勢。

所以「承事用心、對境練心、覺察靜心」是阮姐這麼多年來，秉持的待人處事與修身養性的一慣態度。現在看到兩岸心教練的發展漸漸成熟，跟隨學習心教練的企業教練也越來越多，我們內心都有著無限的祝福與感動。

相信阮姐－阮老師－阮教練－阮督導的「用心」之法是不會因為時間與空間而有所差異。

推薦序

# 心花朵朵開

香港京都念慈菴總廠有限公司　**董事謝慧淦**

　　跟Eva結緣於2004年底，我和兩個朋友成立了一個基金會。基金會的願景目標是「自然和諧、天地人合」。當時我們需要有一個方法來實現這個目標，所以鑫君姐和懷恩帶了Eva老師來，我們就這樣認識了，深深的因緣也由此展開。

　　從那個時候到現在，我對她的感覺都是一樣的。多年來我感受最深刻的就是她的笑容和從容！每次看到她，都是那種由心而發的笑容，遠遠的迎來，你的心自然就安靜下來了……在電話裡也一樣，聽到她說「喂～，你怎麼樣啦～？」永遠都是徐徐道來，不管你有多傷心，多忙碌，你的心就隨著她的頻率安定下來。

　　在今天這麼繁忙的社會腳步裡面，有這樣的一份從容，不是大功夫的人很難做到。對於外在的紛飛干擾，她好像住在一個隔離器裡面，無論怎樣都不受影響，總是很快樂、很自在，活出她本我的樣子。很多人到達一定的成就，驕奢我慢就會出來，但是她從來不。當人回到內心，最美的狀態是沒有任何添加。她就是一直給我那種感覺。

　　和Eva成為合作夥伴是因為我跟Eva一起上過幾次瑞哈夏老師的課，第一次上課的時候內在就有一個很深的聲音說：「讓我們倆一起來走這條路。」於是那麼自然，我跟她的心就融合在一起了，就這麼簡單。

　　這一路走來，那個內在的聲音是我跟她的一個長遠的承諾，和一份信任。我從來都不問她太多細節的事，她來問我，我總是說你決定就好了，因為我很相信她。我對她的相信就如同她對生命、對老天給她的那個責任的相信，她是完全從內心歡喜的去接受。

　　她就是自己的生命導航員。對未知毫無畏懼，且非常有覺知自己要往哪走。不僅自己一心一意前行，也祝願所有人走在覺知覺行的路上。所以看到她的時候，她永遠是那麼喜悅，帶著那份愛和包容，完全沒有分析和評判。十幾年來我沒有看過她有沮喪，完全沒有。

　　所以我關心她，但是我從來不擔心她。走在這條生命發展的路上，我感到老天對她的眷顧，如果有任何波折，完全都是為了讓我們更上一個臺階而已。我唯一關心的就是她的健康，有時候覺得她承擔的太多了！

　　對於這本書，我已期待好久～好久～了。十年前就希望Eva出書，很高興這本書在這個特殊的時間終於誕生了。這就是因緣際會吧。我獻上我滿心的祝福。我相信老天一直在看護，讓這本書在此時呈現，是要讓更多渴望把心打開的人看到，接觸到這個心法，並深入他們的心海。

　　祝福Eva：灌溉更多更多的心～花～朵～朵～開。

　　祝福跟她一起走在這條路上的每個人，發現真正的自己，發現自己生命想走的路。因為我知道這也是Eva的心願！也祝福大家共同回到我們的「心」家，天天由心出發！

推薦序

# 教練之妙　人性之美

中國科學院心理研究所 教授、博士／中國註冊心理教練首席專家、中國專業心理教練專案總監　史占彪

和Eva老師的接觸，都是與教練有關係。

第一次和Eva老師見面是在上海中國教練年會，印象最深的就是Eva老師燦爛而溫和的微笑，還有她獨特的關於傳統國學與現代教練結合的論述。當時，我正在嘗試把後現代心理學和教練技術做一個結合，很多寶貴的思想，都受到Eva老師的影響。

第二次深入接觸，就是在Eva老師的教練課堂上，我有幸聆聽了五天「東方心教練」的課程。感受到了不用PPT，純粹採用對話式、體驗式的教練課堂，在那一次，我聽到了最多的關於「心」的辭彙：走心、用心、真心、細心、誠心、問心----記住了「心花開了，就不會謝了」！也就是在那一次，我第一次充分體驗和感受了「用心用情不用力」的寶貴價值和意義。

第三次深入接觸，是在北京推動成立「中國企業教練研究中心」，一起探索「中國註冊教練聯盟」事宜。

後來在北京，上海，見Eva老師就多起來了，東方「心」教練和後現代「心」理教練，這兩顆「心」也就越來越緊密地連在一起了。因為對陽明心學的共同關注和喜愛，用心做好「人生第一等事」，漸漸成為我們的接頭「暗語」。

Eva老師多次鼓勵我在後現代心理教練領域「學術、技術和藝術」的深入探索。如今在中國很多地方我的報告主題都是：《心理教練的學術、技術和藝術》。專業教練是個藝術性很強、彈性很大、空間無限的「藝術」，在現代社會，特別需要看得懂、說得清、學得會、用得上的「技術」作為支撐，當然由於教練學問的博大精深，厚重的文化和學術基礎和前提也就顯得特別寶貴。Eva老師就是教練領域學術、技術和藝術相結合的十分寶貴的典範。

　　學術、技術和藝術相結合，對於專業教練的發展非常重要，目前心理教練體系以「後現代心理學、人性主義心理學、教練學、對話學、陽明心學」為學術基礎，以聆聽、提問、分享、回應、回饋為基本技術，同時充分注重當下體驗，人生經驗，建構靈動智慧的藝術性氛圍，把心理學、教練學、國學文化做了一個較好的整合，達成了有底氣、接地氣、很靈氣的特色效果，實現了「認知升級、思維突破、模式創新、思想革命」的定位。

　　在Eva老師的課堂上，我真正感受到了「用心用情不用力」的魅力和價值，後來在我的心理教練實踐中，又將此發展成為「用心用情少用力」、「用心用情巧用力"。不用力是一種境界，「巧用力」和「少用力」是一種策略。巧就巧在用定力、多給力、適當助力，充分尊重和釋放當事人的內在生命力，因此生成和啟動當事人的內在潛力、動力、活力、創造力。一旦當事人充滿信心和希望、充滿力量和能量，就能將績效發揮最佳，達成最大的成功和成就。

　　感謝Eva老師的支持，有了前輩的鼓勵和指導，我借助中國科學院心理研究所和中國管理科學研究院的平臺，已經建立了「應用心理教練」、「專業心理教練」、「督導心理教練」、「註冊心理教練」的體系。其中「註冊心理教練」和Eva老師主持的「註冊心領導力教練」已經被「中國註冊教練聯盟」正式認可。

　　教練是一門實踐科學、智慧科學、發展科學，Eva老師多年以來，一直在教練領域實踐、發展、傳播，積累了豐富的經驗，並逐漸上升到文化和哲學層面的探索中。從Eva老師的教練生涯中，我充分感受到了教練之妙，人性之美，也必將鼓勵我們這些晚輩，在中國傳統文化和西方教練技術深度探索，持續反思，不斷創新。

# 我的妹妹

企業家　阮蘇有（兄）

　　我四歲時母親過世，孤獨的童年，一直好羨慕和嚮往有兄弟姐妹；十歲父親再娶，Eva出生，我興奮得要求家人讓我給她取名字，六個月後，父親與繼母離異；隨著年事的成長，不時思念也曾多方試著尋覓希望能找到妹妹；四年前，倒是她先找到了我。異地相逢，闊別五十七年，見面時的感覺毫無陌生或隔絕的感覺，我心中充滿的是那份身為兄長對妹妹的憐惜與愧疚！感受到父親心中的千頭萬緒又生硬的表情，Eva則儼然一副回到家的坦然直率，讓我印象非常深刻！

　　往後我們仍是離多聚少，其實不常見面，而我又是對心相很鈍拙，也沒能體會到她的高度，倒是滿關心她所創的「東方心教練」的發展和推動。當我第一次到成都去參加她的培訓課，我發現她學生有著極高的水準與資質，還有對Eva老師的恭敬與推崇讓我震撼，我想這老師應該很不簡單！

　　近一年多，Eva常往來上海教課，大多住在家裡，與家人經常互動交流，也參加我們的共學研討，我開始能細微地觀察到她言行的特色。不慍不火，如如不動，永遠是那麼平靜安定，專心聆聽我的傾訴，讓我開始學到不批判、不分析、不建議，才能真正瞭解關心一個人；凡事說出來、做出來、活出來才是知行合一；珍惜每一個當下，每一個人，每一件事才是快樂之本，我開始用心去享受我生命生活中的人、事、物；感覺愈活愈想學、永遠不遲、增長智慧、增長喜悅，碰到挫折不懼，也是學習，也會過去！坦然面對已來的、會來的、將來的，一直到那最後終結的一刻，我們盡量少遺憾！

　　感謝這遲來，但在我生命最關鍵時刻失而復得的妹妹！感恩！

# 活出來的老師

心教練　魏奕

2011年我創業，開始做自己的培訓諮詢公司。當時很想找到好的培訓老師，朋友介紹我和一位資深的人力資源負責人見面，他對市場上的培訓師瞭如指掌。見面的時候他問我想要找什麼樣的老師，我說我想要找的老師是「活出」自己所講的課的。他想了一會兒，搖搖頭說，「這樣的老師，太難找了。」

這個對話當時給我的印象很深。自那之後我經常會想著這個問題：一位老師要教好一門課，背後付出的學習、鑽研必定遠遠大過課堂中學員能看見的呈現，而且一門學問，自己掌握了還不夠，還要思考怎麼教給別人，讓別人學會；為什麼經過這麼多的學習和講授，而老師卻還是不能活出自己所教的課呢？一位老師究竟要怎樣才能人課合一、知行合一？究竟有沒有這樣的老師真的存在呢？

不管這樣的老師是不是很難找到，這個相信始終在我心裡：老師是用自己的生命在講課，別無他途。我自己也是老師，在課堂上始終會見證到這個真相：一個老師自己生命成長的深度，他的課程就會講到那個程度，也是他所能影響生命的程度，我相信每位老師都在這條路上，只是一分到十分的差別。

2016年，我開始跟著Eva老師學習東方心教練。讓我最驚訝的倒不是老師課堂上精湛的教練技術、她總是直指人心，快速有效，那是老師的專業積累，三十年專業助人的頂真功夫，我唯有敬佩，但不詫異。讓我詫異的是Eva老師在下了講堂，在講課之外，在生活之中，居然如此經得起被看，被很多人看、看很多年，仍然三百六十度無死角的耐看、真實、一致。因此我知道，我終於找到了一活出來的老師！

Eva老師有很多"被看"的時刻我都記憶猶新……

## ■ 背黑鍋也很專業

有好幾次我看到老師被人誤解，比如對方把別人的失誤安在她的頭上，對她有意見甚至抱怨，但是我一次也沒有見過老師為自己辯解。

有一次這樣的發生後我問她：「老師，你背了黑鍋，為什麼不解釋？」老師笑說：「黑鍋我是經常背，背起來我也是很專業的。」

我們一起開心的笑完了，老師接著說：「你剛才問的，是指當人被誤解、被指責的時候，會帶來的心境、心情、心態，對嗎？」

是的，這正是我想知道的。我想知道在這樣的時刻老師的內心會發生什麼？

Eva老師是有個求必應的人，每次只要我們提問，老師必會細細的回答：

「當這樣的情況發生時，當下我會先向內看，很奇妙的是我看見和感受到的，是一種極深的信任，那是我對自己的信任，還有信心……」

然後我會和自己進行心對話：問自己在乎什麼，關心什麼？我發現內在一直有一個安定的力量。讓我不害怕……

比如說有一個權威者在公開的場合說了一些他的誤解，現場有這麼多並不認識我的人，是否他們會對我有看法？當下我感受到內心並沒有害怕，並沒有因為對方那樣說，就產生念頭來創造恐懼和不安。

我看見內在的安定讓人坦然、憂慮讓人辯解！

我覺得生命的整個存在不是任何一個誤解可以撼動的。存在是那麼不可言喻的力量。所以對於那些什麼誤解啊、黑鍋啊、人言可畏的說法啊，其實都不足以動搖我們生命所擁有的巨大力量和安穩、安全、安心。

## ■ 帶學生去上其他老師的課

有一次，老師組織心教練的學生集體去上一位國際心理學家的課程，我聽到有人問她，為什麼帶這麼多學生來上另外一位老師的課。因為在培訓業很少會有老師這麼做，我自己做培訓公司的時候也有這樣的體會，讓兩個體系最頂尖的老師在一起教學是非常困難的。

但是Eva老師不僅帶學生去上別人的課，還親自主辦這樣的課程、跟不同體系的老師溝通、討論課程的設計。在過去兩年多裡，我們一起上過心理學的課程、身心靈成長的課程、親密關係和親子教育，還有陽明心學，每每開這樣的課程Eva 老師都需要付出很多額外的時間和精力，如何讓這些學習可以和心教練的學習整合、匹配，並融入整體的學習體系。用同樣的時間，她為什麼不用來多開一些自己的課程呢？

老師的回答是：

一位好教練是「上善若水」。

一群好教練，一個教練家，則是「海納百川」。

當你要海納百川，我們需要真的是那個海。當海納百川這個境界是說真的的時候，就會接納、尊重其他所有的學習體系。不管是心理學，心靈學還是教練學。

## ■ 自我探索、發展、實現

❝ 從馬斯洛學說來說，每個人的生命發展是從自我探索，到自我發展，自我實現。一個老師想要發展自己，就要發展自己的專業、名聲、教學。我感覺我的自我發展階段已經完成了，現在是自我實現的狀態，我不再因為做什麼，或者不做什麼，而有實現或沒有實現、成就了什麼或者沒有成就的想法。現在我做的所有的一切就只是非常隨緣，看隨順的因緣，看上天的指引，再如何順天應人。

當一個人的自我發展完成，不再那麼注重自我的時候，會去引進別的老師就是很自然、隨順的。因為我要做的不只是發展自己，而是發展所有的生命。

如果我沒有執著，認為我是那個唯一的，只要是好的老師，我就自然引進。如果有其他的老師，他做到的是我沒有做的，但是對於生命發展是必要的，重要的，那我就希望大家都可以獲得那個生命發展的機會和過程。 ❞

有一次上課，Eva老師說有位禪師講：「江上來來往往，其實只有兩條船，一條為名，一條為利」。她問我們每個人，是否知道自己是哪一條船？

我記得最後她自己的回答是：她是那片江水……不管是名還是利，江水只是默默的承載，不分析、不評判。不管什麼東西丟進了江水，江水的本質也都不會被改變。所有的髒水，如果叫做「黑鍋」，所有的垃圾，如果就叫「誤解」，它們丟在江裡，漂浮在江面上，可是江水的自在、自然，不會因為那些附加物而有所改變。

百川最終匯入大海，而我們這一生，就是要活成那片海。

## ■ 做什麼都從愛出發

有一次我跟幾位教練在線上開會，回顧工作進展，我突然有感而發，說自己其實很喜歡寫東西，如果可以一直寫字，把心教練每天發生的歷程記錄下來，會覺得非常滿足和喜悅。說完以後，我又有點不好意思，覺得如果只管閉門寫字，只做自己喜歡的，那沒有人去做的那些事情怎麼辦？一個組織的事情那麼多，有那麼多的責任，怎麼可能每個人都只做自己喜歡的事呢？

Eva 老師聽了以後，當下說了一段話，雖然我已經很瞭解老師的為人處事，但當時我還是覺得一個組織的創始人和領導者，能這樣說真的是很夠大膽。

**老師說：我很早以前就在研究婚姻裡所謂的責任，我的研究和探索是婚姻裡面可不可能沒有責任、只有愛。人可不可以只是從愛出發去做事情，而不是因為責任？愛是想做願做歡喜做，責任有時候是不得不做。**

**我們在教練家也是一樣，有沒有可能在這個組織裡，每個人做所有自己喜愛的事？有沒有可能每個人天天有大量內心的動力，是因為有那個喜歡和熱愛？**

**如果有的事情真的都沒有人喜愛，那我們就不做。**

**魏奕你在寫作的時候，是處在非常靜心的狀態。如果我們每個人帶著愛和靜心去做自己愛做的事情，從愛出發，做的時沒有恐懼和擔心，看看我們都想做什麼，愛做什麼，做到什麼，我們一起看看這樣的組織會發展得如何……**

當老師說完這段話，線上一片沉默，久久沒有人開口。我的內心好像一口大鐘被敲響，振聾發聵，心聲長鳴，一時說不出話來。很快我發現，線上的

每一位都跟我一樣，心潮澎湃，無言以對……然後，我聽到一個聲音從我內心深處發出：「老師，人要怎樣才能有這樣的勇氣？」

老師問：「你會怕什麼？」

怕做錯。怕不夠好。

老師說：「如果沒有好壞，只是問心無愧呢？」

沒有好壞，問心無愧。

要怎樣，才可以活出這樣的內心自由，活出這樣的「心即理」？

這個問題，我並不需要老師給我答案。這個答案，我想用生命的每一天，好好去回答。

寫到這裡，想到老師的一件小事，就作為這篇文章的結束吧。

有一次老師講完課，正好是傍晚時分。我正在收拾教室，一抬頭，看到窗外一片碧綠的湖水，青山環繞，有兩隻白色的鷺鷥悠悠飛過，在這段青山的後面，一輪鮮紅的夕陽緩緩落下。我禁不住喊道：「老師快看！夕陽！」老師回頭看見了，讚歎了一聲，然後她整整衣裙，不慌不忙的面對窗外站好，氣定神閒地說了句：「啊！這個當下！」然後她靜靜地看著這片夕陽，靜默不語，好像世界上一切其他人和事都不存在了。片刻，她收回目光，轉過身，接著忙剛才的事情去了。

這就是我的老師，一位時刻活出她所講的課的老師。

# 此心安處

WorkFace創始人　Laopan潘劍峰

Eva老師總是微笑著出現在人前，聲音平和，神采安詳，於是她在的地方就寧靜下來。

她創立了一種教練流派，結合陽明先生的心學而成的東方教練方法，名之為心教練。Eva老師對WorkFace（我所創立的一個跨國界的創業者社群）鍾愛有加，無私地為社群的領導者們做教練督導。從此，我就與教練有了深厚的關係。

在Eva老師之前，參加過一些教練技術的學習，介入不深，知道一些技巧，理解不了背後的意味，最艱難的是無法把面前的教練當成教練。

而當Eva老師坐在對面的時候，我就很自然地明白了什麼是教練，她走進來的時候，不著痕跡，她離開的時候，卻使得我的心活潑起來。

我開始心生嚮往，我也可以成為這樣的人嗎？一名如此雲淡風輕的助人者。

蒙Eva老師厚愛，能早於許多讀者讀到書中的文字，點滴的見證，智慧的話語，再一次幫助我照見實相。

此刻當下，心是怎樣的！你是怎樣的！

# 活出心之道

媒體人‧廣播人　李悅心

當我在生命的過程中遇到障礙，念頭紛飛時，總會想起Eva老師說的：「念頭升起時，會如排山倒海，把自己淹沒，這時候你唯一要做的就是，對念頭喊Stop」，於是我揮揮衣袖不與念頭糾纏不清。

當我在工作上遇到瓶頸挫折時，老師的「不急、不停、不怕」，總會讓我靜下心來，安定的前行。

當我像所有的母親一樣擔心孩子的前途時，老師說：「把恐懼化為愛，用關心代替擔心」，於是我可以用愛、接納，支持陪伴我的孩子成長，沒有焦慮、沒有憂心，只有滿滿的愛與祝福。

當我為了規劃我的第三人生，跟隨老師學習東方心教練時，我以為我要學的是教練的技術與工具，卻沒想到我學到的是把自己活好，在一次次全然的生命陪伴中，更深刻體會利他助人的喜悅與感動，我的第三人生不需從退休開始，而是此時此刻已然展開！

人生何其有幸的是能遇到充滿智慧的人師，一路上引導著我，讓生命之光不斷照耀，照亮黑暗，在「東方心教練」Eva老師時時棒喝，同學全心陪伴中，觀照自己，覺知覺行，這份生命的養分，讓我可以接納並原諒不完美的自己，生命得以真正放鬆，時時有著幸福感與感恩的心！

也因這一路的美好緣份，讓我在媒體事業之餘有了做幸福產業的夢想，於是「璞學苑」於焉誕生，這份利他助人成就美好生命的志業與發心，均因這一路跟隨Eva老師學習而來，Eva老師說：「合一是沒有分裂，沒有焦慮，衝突」。合一是和諧、喜悅、臣服，是活出知行合一、心腦合一、天人合一，是像大自然一樣自然的存在、彼此相生，相容！」

此刻的我，全然享受真實豐盛的自己，在天地之間可以自由自在的做自己，這一切，我要感謝我的老師Eva帶著我通向這美麗的心之道！

# 萬法唯心造

鑽石小鳥創始人　徐瀟

　　結緣於「璞學院」的幸福魔法課，我認識了Eva老師，並且一見如故，第一次知道了有「心教練」這個神奇物種的存在。

　　彼時我個人和企業都同時處在轉型階段，對於身處於珠寶行業的我們，深刻感受到百年品牌之路最終需要靠團隊來實現，於是在今年我決定從日常管理事務跳脫出來，成立了珠寶行業首個企業大學——「鑽石小鳥商學院」，而我也從過去的管理者轉型成為一名院長。在遇到「心教練」之前，我其實並不清楚這個院長到底該如何定位、怎麼做？而當我第一次看到「心教練」課程體系的時候，我忽然明白了這正是自己在尋覓的，通過一個專業成熟的體系，實現從人的改變力量到組織的變革落地，而在這個過程中，我也日益明確，自己要成為一名企業心教練，幫助團隊成長成就，最終實現企業的發展目標。

　　「心教練」是市面上難得一見的東西方結合的教練體系，既融匯了東方心學的智慧，又有著系統的西方教練體系輔助落地，正所謂「道」和「術」並舉。將內心的力量作為源頭，通過不斷的「訓練＋教練＋修煉」完整的系統學習，最終實現致良知，回本心，醒覺知，知行合一。

　　在經驗了「心教練」的學習之後，更為深刻的感受到，這是一場生命的學習，幫助他人成長的前提是自己生命的成長，就像心教練的宗旨：己達達人，用生命陪伴和影響生命。這是一條需要終生修煉且無比有意義的路，而在這個助人的過程中，我們自己和所在的行業，都會受益無窮。

# 活出來的人師

台灣商業周刊創辦人　金惟純

和Eva相識才半年多，算是新朋友，但緣分特別，相知甚深。

起因是我在做企業顧問時，發現教練技術不可或缺，但自己欠學，於是四處打聽：華人地區最好的教練是誰？從不同朋友口中，不斷聽到Eva的名字，乃登門求教。於焉一見如故，相見恨晚。

後來，我參加了幾次Eva帶領的工作坊，也親身體驗她的一對一教練，並邀她一起主持企業內部培訓，在在證實了傳言不虛，她的確是華人教練第一人。

因為她不僅是最早接觸西方教練技術的華人，而且在此之前，數十年磨一劍，一直在助人的領域廣泛學習、深度實踐，成果斐然。所以才有足夠的功底，研發開創「東方心教練」，走出一條融匯東西方精髓的教練新道路。

「心教練」在助人和教學的效能上，無論用於個人或企業，都十分讓人震撼，我自己親身經歷，有資格做見證。更由於近身觀察，我也相當確認，Eva在東方心教練的實踐上，不僅能「說出來」、「做出來」，並且也「活出來」了。她除了在工作和教學上純熟運用教練技術，在生活和關係中，亦復如是，行住坐臥，莫不如是，已是不折不扣的教練「人師」。

「技師」和「經師」易得，「人師」難得，正因為人師是「活出來」的。我有幸能結識Eva這當世難得的教練人師，很樂意在她出版新書傾囊相授時，無保留地推薦給所有朋友。

# 生命之花綻放‧自在歡喜

城邦出版集團‧愛生活編輯部社長　張淑貞

　　很榮幸排在Eva老師依生命階段性發展歷程排列的推薦序行列裡（做書廿年，還沒碰過一個作者說要這樣排推薦序），雖然認識Eva老師不過就這短短數個月，但我完全相信，此生的緣份必定很早就種下了。

　　數月前正式與Eva老師見面，一談才知緣份早在數年前已由她的小女兒牽上了，只是當時時機尚未成熟所以沒有開花；初步了解之後我開始提問：「這麼好的專業可以幫助很多人，怎麼還未出書？」她說：「在等適當的人！」就這樣展開了此書的編輯與出版，一切自然而然，短短二個月快速且直達！

　　在一次工作坊裡，我親眼見識到，短短15-20分鐘與學員的「心對話」，我還沒意會過來「Eva老師做了什麼？」學員已破涕為笑，自己解開了多年的心結。

　　當下見識到了「心」的力量，體會了「不建議、不批判、不分析」的效用，也領悟了心教練「訓練+教練+修煉」的真意，更是完全認同「發展教練就是發展生命」的使命。

　　有幸親自編輯這本書，第一手看到所有參與心教練課程的學員或教練的文章，不，正確的說，是透過文字與這些人的生命交流，心底深深地感動，當人的心打開，生命之花就開始綻放，奇蹟就開始發生，生活的苦難與煩惱漸漸散去，這是何等殊勝的交會！

　　心教練的確是快速有效，但這本書不只是知識而已，也不是讀完就學會了技術，更不是看完就感覺療癒；如果你走心，在字裡行間會有很多發現，至少對我個人是這樣；所以閱讀這本書要有心理準備，如果你想更認識自己、更面對自己、更實現自己，想找到生命中真正的自由與喜悅，那讀這本書就對了！

# 活好是學好、學好是覺好──讓人活出來的訓練

> **對於學習我們常說「活學活用」。對於人的生命發展我們可以怎麼活、怎麼學、怎麼用？**

　　一般人從離開學校，開始工作以後就停止了系統的學習。雖然仍然有在閱讀、上課、進修，但是很少有人進入關於生命發展的體系學習。其實當我們離開學校畢業之後，每個人就開始面對一連串跟生命發展有關的課題：比如說是就業還是創業？我應如何選擇公司？什麼是我此生真正想做的？如何選擇人生伴侶？我要堅持找到靈魂伴侶嗎？要不要結婚呢？結婚後生不生孩子？到底生幾個小孩較好？婚姻有了外遇是誰的問題？家庭雖然幸福卻仍然渴望外遇……該離婚還是繼續忍耐？單親家庭的子女如何養育？離婚後再婚會幸福嗎？真愛是什麼？……。

　　這些問題是多年來我所接到許多人提出來的生命困惑，有一天，當這些問題都成為了過去，最後還要經歷中年危機、退休生活、喪失親人、面臨病痛和面對死亡等等。生、老、病、死、苦是每個人切身的生命課題，這其中的每一題都不容易回答，對嗎？

　　我在大學畢業的第一年曾經在出版社工作，負責編輯婦女百科全書，可什麼是人生需知呢？什麼是生命的百科全書？關於生命發展的方向和方法，如何才能真正活好？學好？

　　我們在學校有學習的階梯。可以從小學、中學到大學。職場則有職業發展的路徑，從入門到資深、專家和精通。

**然而什麼是生命發展的階梯？**

**生命如果不只是漸漸自然的老去，**

**什麼是生命的「資深」和「精通」？**

25年前開始我成為一名專業專職的教練。教練的學習正是關於生命如何發展的學習。教練的服務就是關於人的生命發展。

我深深的看見每一位教練在學習教練技術的同時，也在學習看懂自己的生命。這正是為什麼在創立、研發「東方心教練」的一路以來我經歷了10年的心理學服務、10年的心靈學研究；透過自己親身體驗的聞、思、修、證、悟歷程，我發現人們想要從自我探索到自我發展到自我實現，會歷經三個重要的合一之路：

- **心腦合一/自我探索（透過訓練）**

- **知行合一/自我發展（透過教練）**

- **天人合一/自我實現（透過修煉）**

從2000年來到上海開始，我發願要研發一套針對教練和生命發展的學習體系，讓人人能夠活出這三個「合一」！

身為專業助人者，我很遺憾的看到市場上雖然有很多的教導、指導和修煉，但是因為缺乏落地體系以及教練陪伴，使得學習效益總是事倍功半。

雖然人們投入了大量的時間和金錢，甚至遠渡重洋，依然有很多內在卡住的問題還是沒有出路。其中不乏長期投入覺醒的學習者然而卻在課後活不出覺知！！

自序

我經過十年的考察和探索，從澳洲到印度、經歷西方和東方的學習的觀察與整合；2012年我開始分享關於這個三合一的生命學習模式和體系，用訓練＋教練＋修練的模式整合、連結心力和腦力、知道和做到、人性和神性。

**這個生命發展的學習體系就是──東方心教練。**

## ♡ 從腦力到心力

人的腦力發展從幼兒時期就已開始進行許多的大腦開發，大腦的功能極具創造力，可以創造出許多偉大的發明，但也可以創造出巨大的痛苦。

**正念和妄念只在一念之間、愛和恐懼也在一心一念。**

## ♡ 從知道到做到

知識的偉大是因為你能夠充分的應用它。所有的知識如果只在腦海裡面，它一點也不偉大，只有你說出來、做出來、活出來，知識的力量才會呈現。

我看到很多課程，學員參加以後覺得沒有用，其實不是內容或知識不夠好，而是因為聽過之後並沒有「應用」。為什麼會這樣？因為從知道到做到，需要訓練加上教練，才能真正的知行合一。

**訓練提供知道，教練陪伴做到。培育教練，就在培育生命。**

## ♡ 從人性到神性

　　20年前我去了馬來西亞的樂居嶺，認識了一個專門幫人開天線的老師，他讓人可以直接接收來自上天的訊息。還記得他見到我時，告知我說我的天線已經打開了，當時我還是很懵懂的，但是我特別記得他說，我已經在對的位置上，做的是順天應人的工作，他說他輔導的是神性，我輔導的是人性，如果人性不成熟而直接連結神性就會活成「靈性自我」（Spiritual Ego）反而達不到真正的解脫自在，所以他說我做的事情很重要，可說是成人之根本。

　　20年前我來到上海分享生命需要應用教練，當時很多人還沒有聽說過教練，就問我教練是什麼⋯我則反問他們生命是什麼⋯似乎也沒有多少人能回答的清楚！

　　我說心教練的生命發展之道就是好好活、好好學、好好覺。你說呢？

Eva 合十

# 緣起

## 問心30年

> 什麼樣的學習可以持續讓人改變
> 每一個生命都有路徑直達心之道

2000年我赴職上海時,有一天上海《經理人》雜誌的總編輯胡見素對我做了一連串的訪談,並且整理出了十萬字,我內心非常感謝他,他說「老師!你想做的這個事情一定要用書寫出來快速的讓更多人知道……」,然而當時的緣起尚未因緣具足,東方心教練的有機田還沒有開花結果……

二十年前,我和一群都市農夫住在臺灣苗栗的一片田野中,這群農夫都很年輕,他們離開都市,來到台中,想要實現一個理想:把一片貧瘠的土地變成有機良田。

當時我做他們的組織進化教練陪伴他們發展自己,進而發展願景。

一片土地需要養三到五年,才能變成適合種植有機作物的沃土。有機田完全不灑農藥,農夫們早出晚歸,風吹雨打,常常看到自己種的蔬菜瓜果被蟲子吃光,田裡長滿了野草。旁邊撒農藥的田長得茂盛興旺,那些田地的主人看著這片田裡的農夫「一群笑(台語:瘋子)耶!」,覺得他們是神經病。

20年前，我陪伴他們堅持理想發展有機耕作，看到這個過程中對所有有機生命的尊重，也看到農夫們通過無數次的實驗，研究出了良好的有機種植技術，看到有機田豐收了，結出了非常、非常肥美的蔬菜和瓜果。於是越來越多的人希望吃有機菜，越來越多的農夫希望種有機田，越來越多的生命希望找到和天地自然的合一，堅持不撒農藥，讓生命蓬勃自然地生長……

接著是我來到上海的另一個20年，依著這份初心我專心專注專志的耕耘著生活、生涯、生命、三生一體的人生有機田……我依然陪著同樣年輕的一群城市農夫，默默耕耘著這一片心田。

**這群農夫他們的名字，叫做東方心教練。在這裏的每位心教練懷抱著對生命極大的關懷，極大的尊重，懷抱著專業助人的初心，在家庭、企業、學校、社區裡耕耘一片又一片的心田，播撒著生命離苦得樂的希望種子。**

其實專業助人就像種植有機作物，需要有專業的技能、專業的學習體系、專業的心態，不然不僅種不出果實，心田也會雜草叢生……

這群心教練農夫每天日出而作，日落而息，依據訓練、教練、修煉、實踐著專業的陪伴、依心而行的生命之道和術，發展自覺、覺他、覺知、績效。

　　關於有機生命發展的過程，他們每一天透過覺知發現很多生命珍貴的時刻值得記錄。就像有機植物自然開花結果生長的過程，他們每個人的生命也在這片心田裏自然的蛻變成長著……在這片心田裡有教練、有督導、有教練的教練，有督導的督導，形成了一個專業紮實的助人系統；他們天天日以繼夜、自動自發的「專業助人、助人專業」。

　　在田裡的每個人也都有被蟲咬的時候，或有雜草叢生的時候，但是有機田仍然堅持不撒農藥，是一片「不分析、不建議、不評判」的正能量原生土壤，人人心中的愛與覺知就像陽光雨露，滋潤和喚醒著每一個生命內在的智慧力量。

　　來這裡的每個人都能感受到這片心田已經呈現出的蓬勃生命力，自我淨化力，和驚人的學習、迭代超能力。看來人心的建設，也是需要有機田啊！

　　東方心教練農夫們的理想不僅在於自己個人的成長，更放眼天下能有更多的良田萬畝……我們從這裡開始，讓所有的青色組織、進化型組織、學習型組織、家庭、企業、學校、社區……都成為生命的有機良田，做為生命成長綻放的優質土壤，讓東方人的生命風吹麥浪，兩岸稻香，吾願無悔，不枉此生。

# 人生有機田研發第一階段：

## 聽心：人為什麼會受苦？

1979年我從大學畢業，有一天我去「張老師中心」訴苦，就在身心獲得安頓的那個當下，瞬間我第一次聆聽到了那來自內在清晰的心聲，這個聲音指引了我往後三十年的人生志業……

在這之前我不知道自己今生的使命是什麼？人生中真正值得獻身去做的是什麼？但是心裏卻很清楚不想做的是什麼！因為我總有勇氣依心而行，所以大學畢業的第一年，我換了六個工作，有些工作收入很好，但如果內心感覺到這個工作對生命沒有什麼意義，我就會毅然決然的離開。就這樣尋尋覓覓了一年，有時候即使房租都付不出來，我也不願意只是為了一份收入而工作。

**當我聆聽到內在的心聲：這一生要做的就是專業助人。從那個時候開始，我的目標就非常清晰，我積極聯繫張老師機構，希望有機會加入專業助人的行列，直到獲得進入「張老師輔導中心」，我這顆飄泊的心靈才真正的安定下來。**

　　在「張老師中心」服務了十年，我似乎修完了兩大生命學分：了解自己和理解他人。每當我聆聽他人生命的痛苦，我總會想要知道痛苦背後的真相是什麼？為什麼人們會緊緊抓著痛苦和情緒讓自己的心情重複受傷？

　　「人為什麼會受苦？」每天就這樣聽聽別人，再想想自己，我就在這些日複一日、許許多多、大大小小的生存、生活、生命的苦楚中層層解脫和解惑，進而發願研究人要怎樣才能真正離苦得樂。

　　修好這兩個學分像是我的護身符，讓我在人生的道路上不再自尋煩惱，可以自己做到離苦得樂。這兩個生命的核心能力也伴我進入了我在生涯的轉捩點，一家外商教練型企業，擔任績效教練的任務，並且讓我一路騰飛績效優異。

日出而作，在三義迴鄉有機驛站。

## 人生有機田研發第二階段：

## 發心：為了所有人的生命發展、立志培養專業教練

我立志要培養心教練，是1995年在台灣得到世界冠軍績效教練的那一年。當我帶著女兒來到美國聖地牙哥接受頒獎，上台前有一個五分鐘的訪談短片，是公司為我拍的。片中訪談的是我的家人、客戶、團隊……聽著他們的心聲都是愛和感謝和與有榮焉……她們每一個人都是因為體驗到教練的陪伴和輔導的意義，使他們經歷到了生命蛻變、內在成長、外在成就的種種成果。其中有一位被教練者說她從來沒有想過自己可以達成工作的績效目標，但是因為教練，這個不可能成為了可能！！

我就是在那個當下立志的。

**我告訴自己此生一定要發展更多的好教練。因為我看到，當自己是一個好教練，是足以影響生命的蛻變、改變、發展、成長、成功、成就、成全。我願意發展更多的好教練，讓更多更多更多的人都能獲得生命的蛻變和發展。**

但是我知道如果只是上課，蛻變很慢，只是進入宗教修行，蛻變也慢。生命的蛻變是需要實修、實行、實踐，而這個實踐的過程非常需要專業教練的陪伴和引導。

## 人生有機田研發第三階段：

### 修心：心腦合一才是真正的合一之路

1996年我的生命遇到重大的轉彎，家庭和工作都面臨巨大的改變！那一年我開始去印度靜心，在一次身心對話中，我洞見到所有對未知的恐慌都來自於大腦的思考。

**在那一刻我的生命解脫了！**

1996年我去澳洲考察「清晰者」課程時遇見了我的生命導師瑞哈夏，他是一位國際心靈導師，和他的相遇其實是上天開始對我進行心腦合一的培訓，於是我開始在台灣開辦瑞哈夏的課程，那些年我的修煉就在印度和開辦瑞哈夏的課程之間來回進行。

有一次我很認真的向老師提問：「我有一個困惑，我所知道的上天從不犯錯（Existence never mistakes）可是為什麼上天會要我來做開班辦課的事情呢？我不會計算，也不善經營，並不是一個最適合的人選啊！？」老師笑笑的說：「你是最適合的人選啊……因為那些善於計算的人根本不會來做這件事呀……」。於是我體驗到了，真正的學習不只是在課堂中，更是在學習的應用中。

2006年開始，我每年陪著各地的企業家去印度閉關一個月，每一年去四次，總共去了二十幾次。這些經歷都讓我有機會深入對於合一之路的觀察和探索：生命中活出合一的關鍵行為是什麼？什麼是真正的活出了合一狀態（不對立、不衝突、不糾結、沒煩惱、沒壓力……）我看見的合一之路不只是在印度、不只是在課程、不只是在朝聖……更在於心腦的覺知與覺行。

**我的修行一直不是從經書上，也不是從教義中；我修行的重點在於觀察人、在於醒覺生命；在於和每一個生命接觸時的發生、發現、發展；在於跟每一個人接觸的時候，從自己的起心動念、從他人的心思和行為、從生命和生活中的點滴來看那個活出來的修行，這是一種彷彿在紅塵出家和在世間的修行，這樣的修行是需要做出來和活出來的。**

**合一修煉的是身-心-腦的覺知。**

幾乎所有的修煉，有的是通過療癒，有的用宗教的方式，或是透過身體瑜珈的方式……市場上有各種法門，最後都來到了一個相同的核心，就是活出覺知。

萬法歸心，心性就是覺性；凡修覺知，皆回到心。這正是陽明心學教導的「回本心、致良知、心即理」。啊哈！真是大道至簡，殊途同歸啊！在東方心學中我發現了這和教練服務的覺知覺行實為一體。原來王陽明才是最早的東方心教練！東方心學是事上練心，而事上練心就是最佳的修心養性落地之道啊！

# 人生有機田研發第四階段：

## 創心：東方心教練是怎麼誕生的？

在印度閉關學習的日子，我深刻感受到企業家是一群非常重要的人，他們對家庭、社會、企業都有著至關重要的影響。針對所有個人和組織的發展，企業家是關鍵。所以在企業裏他們的個人成長和所有人一樣重要。**但是每個企業裡都有著諸多培訓，卻唯獨缺少為企業家量身規劃的學習及應用課程。**

企業家的成長就是整個企業的發展。然而大多數的企業家都沒有自己的道場，也缺少同修。他們無法一直到印度去修煉，事實上他們的道場並不在印度。

**修只是學，而"煉"是需要很多的"練"，學而時習之才是真修行。**

有一位北京的企業家非常注重以人為本，他給印度道場捐了很多錢，也提供學費給公司的員工去印度修煉。但是當大家回到職場卻很困惑，不知道這些內在成長應該如何應用到工作和家庭中？

**我深深明白他們必需在地建立這樣的道場來支持個人的心性成長和組織的心性發展。事實上企業就是道場、工作就是修行。家庭也是道場、關係就是修行。**

**而這些修與行非常需要一群有修煉的教練來陪伴和引導。**

　　有修煉的教練，他們是智者，是行者，為了發展更多的企業和家庭成為道場，我需要先發展足夠多有修煉的教練。

　　真正想要活出合一，不能只是靠課程和祈禱，需要一個內外兼修，實修實證的學習體系來支持企業家的生命發展。我在心領導力企業教練的項目服務中，一再看見這個極致的領導者修煉之路，這是一條從個人心性到組織心性、從內在到外在、從覺知到績效的道路。

　　2010年1月我的修煉旅程進入到一種終極狀態，意識發展到一個無法言喻的經驗⋯⋯我明白當內在意識發生重大蛻變，外在環境也會同步發生巨大蛻變。2010年4月突然間我在上海所有的事情嘎然而止⋯⋯上天給了我一個全新和全心的時間及空間來準備東方心教練的誕生。

　　**我又一次的經驗到什麼是順天應人、水到渠成。**

　　自從2000年我赴職上海擔任企業內部績效教練，我做了很多的市場調查，發現大多數學習教練的人通常有二無，一是沒有自己的教練、二是沒有付費的客戶。

　　西方的教練學說「Find a coach、Be a coach」是針對想要從事專業教練服務的人提示，務必要有自己的個人教練，如果連認同教練服務的人都不聘用教練，又有誰應用教練呢？

從我投身助人角色開始最幸運的就是心理學服務的工作環境是專業體系，所以每個人都有自己的督導，教練學服務的工作環境也是專業體系，所以每個人都有自己的教練。從這二大專業體系中我深刻觀察到所有的訓練必需加上教練，組織和人才的發展才能真正落地。

**當我開始研發東方心教練的專業體系時，那些過往的專業經歷和資源給了我相當大的支持，我在台灣學習完形心理劇的導師游麗嘉博士更是對我耳提面命的指導，透過瑞士認証的ISO10015的培訓質量體系、透過ROI的教學模式參考，透過陽明心學的研究以及自身良知的指引，我終於實現了東方專業教練的育成體系，用以發展教練的教練、導師和督導，以利成就更多的專業人士，進而落實東方應用教練之道，發揚東方教練的專業和產業。**

從每年瑞哈夏老師的課程中，我見到很多學員問著相同的問題，每次見到她們時似乎生命模式變化也不大……這使得我很困惑，人到底要怎樣才能持續改變？為什麼上課學習之後還是沒辦法改變？於是我發現了，只是上課真的沒有用，因為大家學了之後，真的不知道該怎麼應用。

**知道是一種學習，做到其實是需要另一種學習！**

當時我常想，這樣的問題要怎麼解決？每個人都投入了無數的時間和金錢，卻無法獲得真正的改變……

然後我想起過去在台灣服務的那個外商企業他們用教練模式來做人才培育，非常有效。我在那家企業中的學習、輔導、應用、實踐的種種經驗和發現；這是為什麼他們的經營績效良好、人才濟濟！

這是一個很深的領悟，是的！訓練必需加上教練。我就是這樣被教練帶出來的。透過傳-幫-帶的輔導體系，每個人在學習和實踐中都有自己的一對一教練，於是關於人和行為的改變我幾乎天天都能看到。看到他們在課堂裡學習中的狀況，以及在工作中應用時的狀況。這不像培訓師，講完課人走了就看不見任何的學習成果。

我發現了應用教練對於發展人才的重要性。這是一個人才從學習到應用的過程。Training要有On Job Training才能達成Return of Investment（投資回報）的學習目標與成果。

東方心教練就是在這些不斷不斷聞、思、修、證、悟的過程中，在一步一腳印的探索、研究、發展中誕生的。

這個體系的誕生過程就像是心理學大師馬斯洛所說的每個人生命發展的歷程。

先是自我探索：我是誰？

我為什麼選擇做這件事情？

然後是自我發展：我可以怎麼做？做這些事情我需要哪些學習？

最後是自我實現：做成之後你對這個世界的貢獻是什麼？

我記得剛到上海展開工作時，看見過一篇訪談很深入我心。有媒體詢問一位成功的企業家說：「請問你來到上海，你的生命有些什麼改變？」這位企業家回答說：「我來到上海，我關心的是，我讓上海有什麼改變⋯⋯」

從改變的意義到改變的力量，東方心教練是一個能夠創造改變的學習與應用體系；她融合了東方陽明心學與西方教練學，她將訓練、教練、修煉做了完美整合，是發展教育、教練、教化人心的基石。

從自我探索到自我成長到自我實現；人的一生都在這條路上追求，但是很多人沒有找到一以貫之的道路，其中不乏許多投身修行、授課的人。

**所以東方心教練的發展非常具有時代的意義，這是一個從精神到經濟、從個人到組織、從家庭到企業、從內在到外在、從成長到成功、從知道到做到、從學習到應用、從專業到事業、從事業到志業，可以讓人全面發展、全人改變的生命發展之道！**

東方心教練是陽明心學中知行合一的理論與實踐的見證、是事上練心、是行動中的修煉、是落地的入世修行、是專業助人、助人專業的產業化、是透過覺知點亮覺知。

我常說創新需要創心！

**東方心教練就是從發展個人的創心進入到組織的創新。**

## 人生有機田研發第五階段：

## 傳心：如何從一個人到一群人？

心教練是一個以心傳心的對話過程。我走出了東方教練的發展之道，完成了個人生命的自我實現。

2018年東方心教練開始成為組織，形成了「致良知 教練家」，從一個人來到一群人，這是我生命中的重大決定。這個決定是為了每個人都有可能走上自我實現的道路，讓一群又一群人的生命感受到自我實現。

從2000年來到上海，我就發現很多人學了教練卻沒有辦法成為真正的教練。原因是在這裡沒有培育專業教練的完整體系。有許多的「教練學、學教練」只是一門課，而不是一條路！

教練是一個生命影響生命的服務，就像醫生一樣，是助人生命的。當人陷入黑暗迷茫，要怎樣找到那一線光明，常常因人而異。就好比醫生，接觸到每個人的病症雖不同，但是仁心仁術卻不變！

所以培育好教練有如培養好醫生，除了學習足夠的專業知識，更重要的是跟隨主治醫師的貼身臨床見習，在見習與實習中的學習才是真技能而不只是理論與認知。

Find A Coach，Be A Coach.

市場上有許多教練課程都來自西方，西方的教練來東方開課，課程結束他們就離開了，他們在這裏做的是訓練而不是教練；所以無法把教練的完整培育體系搬來這裡。更重要的是，西方教練的經驗都來自於西方的文化和人群，對於教練東方人的心智模式他們的經驗並不夠多，而東方人的心智模式卻是非常不同於西方人的。

**因此東方的專業教練培育需要一個東方自己的專業督導發展體系。**

這18年來我看著市場的需求越來越大，企業組織中關於人的問題解決需求也越來越緊迫。很多組織經過二十年的諮詢顧問和教育訓練，發現人的問題仍然不能解決。領導力的提升更是刻不容緩！所以現在很多組織開始嘗試教練式的訓練、教練式的領導。過去比較偏向處理事，現在也要兼顧人。

我聽到很多人反應市場上沒有那麼多的好教練。因此培育教練的體系和教練服務的專門平台就變得非常重要。東方心教練的培育體系裡有教練、有導師、有助教、最最重要是有督導。培育的方式有訓練，有教練，有修煉，三位一體。這樣才能形成體系。體系不是一個寫出來的SOP，而是一個做出來的人。這個體系的每個環節有沒有專業和對的人才是關鍵。

有了體系，教練就不會掉進同樣的「學了但是沒有用」的現象，也才有可能成為真正專業又有持續收入的教練。培育更多更多的好教練，同時發展更多更多的好項目是我現在全力以赴的使命；我們已經看到因為有助教、有督導，有輔助督導的這個學習和育成體系，成長效率高，效益大，目前每一屆的心教練專業成長都比上一屆來得更快。

「致良知 教練家」這個組織，是從一個人走向一群人，從心教練走向所有教練，從所有教練走向所有人。這個組織的文化將是專業教練文化、是良知良能文化、是幸福績效文化、是自由自在文化、是自覺覺他文化、是自動自發文化、是愛與覺知文化……

這裡是一群專業的、追求自由助人和生命成長的人。這群人每天日出而作、日落而息，訓練、教練、修練，實踐著教練陪伴生命成長的道和術：無我利他、教化人心。這個組織的使命是從個人到組織全面發展人和道場，透過致良知使人的意識淨化、轉化，讓人的每一個行動都活在覺知中。

**這裡是所有教練的家，厚德載物、上善若水、海納百川，道法自然。**

這個組織不是傳統的組織，它是人生有機田，在這裡的所有人，都是生命自我發現、發展、實現的見證。這群人活成什麼樣，這個組織就活成什麼樣。每個人都是自願自覺來做這個「本業」，活出「本心」！

傳統的組織靠管理、靠指標、靠指揮和獎懲，這個組織靠的是良知與覺知：自覺、覺他、覺行，每個人在教練的陪伴下做出來、活出來人人此生的吾願無悔！

# 人生有機田研發第六階段：

## 安心：沒有恐懼、永遠安心

1992年我在陳履潔先生那裡，見到了王壯為書法家氣勢磅礡的這八個字，當下我的身心就被完全的攝受！是的，我要活出這個生命狀態！

當我寫著這篇緣起時，是我每天在安寧病房陪伴母親安寧的日子

彷彿生命中所有的安心、安定、安全都在身旁

一切都是上天最好的安排

如今這些文字不只是相信，而是見證

發展教練就是發展生命

想想這一生的順天應人

也曾惜緣，也曾造緣

如今隨緣，依心而行

一切的一切唯有感恩、感恩、感恩

此刻聖嚴法師的那句心語「虛空有盡、唯願無邊」又在心底升起

Eva 合十

第一章

怎麼學——
如何活出自己

# 都是「認為」惹的禍

> 我家大寶五歲，從小是外公外婆帶大的，嬌慣壞了，有很多叛逆心理，我說什麼他都反著來。我家小寶兩歲，也是男孩，小寶的眼睛裡對哥哥充滿崇拜，哥哥做什麼，他就做什麼。我擔心大寶這樣，將來會把小寶帶壞了。我想知道怎麼可以培養大寶做弟弟的好榜樣？

"我的小孩十三歲，初中二年級。我要怎麼改善她跟父母的關係？孩子青春期，叛逆心理很強，而爸爸是很傳統的爸爸，做的不好就罵她。兩個人經常有很多碰撞，孩子也不喜歡跟爸爸溝通，有事情都藏在心裡面。我想知道怎樣可以打開小孩子的心窗，願意跟父母交流？"

"我經常忍不住想要對孩子發火，不知道怎麼讓孩子養成好的習慣。我的孩子五歲了，特別不愛吃飯，不管我做什麼，她都不吃。對她發了脾氣，看著她委屈的樣子，又覺得自己會不會過於嚴厲了？我想讓她在上小學之前把這個行為改正過來，也感覺到這個改變要從自己著手，但是不知道要怎麼改變？"

"我看到孩子不做功課，在學校不好好表現，我就忍不住煩躁，想要發火。工作特別忙，不能陪他的時候，我又覺得很愧疚。跟孩子在一起的時間總是不快樂，我總是在挑孩子的毛病，這讓我挺痛苦的。"

♡ **其實我們的孩子，每一位孩子，他／她其實沒有問題。**

「沒有問題」──各位可以感受一下。所有的問題，剛才大家所談到的，溝通的問題、行為的問題、關係的問題……這所有的問題，只有一個問題，就是父母親自己的「認為」的問題。

你感覺一下，如果你對孩子沒有這個認為，你沒有認為孩子怎樣怎樣，沒有認為孩子和你怎樣怎樣，你再感覺一下，孩子會是一個什麼樣的狀態？

**所以有一句話說，「如果父母沒有問題，孩子就沒有問題。」父母如果沒有「認為」這個孩子有問題，或者這個關係有問題，那麼這個孩子就沒有問題，關係也沒有問題。因為所有的問題，是我們的看法、是我們的期待、是我們的認為，是我們的判斷。而我們的認為、判斷跟孩子真實的狀態，有時候很不一樣。**

如果我們有一些認為，覺得自己的孩子有這個問題，有那個問題，我們會產生什麼心情呢？我們會產生擔憂、產生難過、產生失落、憤怒還有比較。如果我們在這種不舒服、擔憂的心情下，要去化解孩子的問題，我們的能力是有限制的。

如果對孩子沒有這些認為，沒有那些擔憂、比較，這時候，我們繼續去關心孩子、教導孩子、陪伴孩子，我們就是更有能力的，因為沒有那些壓力、情緒影響和干擾我們，使得我們跟孩子的關係和溝通就會感覺更順暢。

## ♡ 各位是否可以看到你對孩子的「認為」呢？

比如剛才這位爸爸。當未來還沒有發生的時候，小寶還沒有長大，我們就去擔憂：「這個孩子會跟哥哥學習，變叛逆」，這就是「認為」，因為它根本還沒發生，它是我們的想像，我們其實並不能真正的知道小寶以後會變成什麼樣。

但是因為我們有了這個想法，我們就開始擔憂，這個擔憂就開始影響我們現在跟孩子相處的心情。可能會因為這個擔憂，對於大寶的叛逆，我們會特別敏感和緊張，因為我們不想要小寶將來會變得「有問題」。

可是我們感覺一下，我們現在自己已經有了「問題」了，而這個「問題」，是我們想像出來的。

孩子未來會有哪些問題，不知道，但是我們現在的假設、判斷的問題，就已經變成一個問題了，對嗎？這個問題會使得我們的關係變得比較緊張，會使得我們在管教的時候變得有干擾，心情不是那樣的開朗和放心，可是所有的問題是因為我們假設這個孩子將來萬一跟哥哥學到了叛逆。

**這樣的現象存在在我們每一位父母親的身上，如果每一位父母親這樣去照一下鏡子，看清現在我們跟孩子之間，我擔心顧慮的問題，是我自己的想法判斷，還是真正的問題，你會有什麼樣的發現？**

　　這個發現跟父母自己的覺知很有關。你是否可以從大家提出的問題和期待中帶著覺知來聽？如果帶著覺知，你會聽到問題背後的那個問題，比如這位爸爸，背後的問題是我們對未來產生的假設。每個家庭中都有同樣的問題。

　　請你閉起眼睛，做一個深呼吸，如果你可以用有覺知的狀態和感覺看一下你所說的孩子的問題，如果我們沒有那些認為，我們會如何看待自己，看見孩子？

　　　大腦創造的種種「認為」是我們痛苦的來源：擔憂、衝突、糾結、矛盾⋯⋯這些痛苦無法在大腦中化解，因為大腦看不見自己惹的麻煩。但是心可以，回到心，心能看清自己、看見孩子，也看見那些「認為」。

## 人是怎麼受傷的

> 上個星期我滿懷希望去上一位老師的課，聽朋友推薦，我覺得這位老師的課程正是我現在需要的，一定會有很大的幫助。結果到了現場，發現好失望。老師對學員講話的語氣很不尊重。一位已經講課這麼多年，教別人怎麼溝通的老師怎麼這麼不覺知呢？我感覺自己受騙了，不僅花了時間和金錢，而且心裏很受傷。這個課程下週還要進行第二次，我現在感覺很糾結。

 **我們來看看人是怎麼受騙的，人又是怎麼受傷的。**

受騙的關鍵在別人嗎？還是在我們自己呢？

這個學習過程我付出了時間、金錢，這是不能改變的過去，是事實。但是可以改變的是我們的期待、觀點、認知、感受和評價。

通常發生了一個事實，我也下了一個定義，然後帶來了一些感受：我的期待很高，可是事實差距很大，我感到很受傷，很失望。可是同樣一個事實，對於另一個定義來說，也許就只是浪費了一些時間和金錢，跟內心的受傷沒有關係。

人生有很多事實，也會發生很多現象，看到很多行為，聽到很多評價……但是所有的發生，重點都在於我們自己的內在：我們的期待、渴望、定義、

評判、情緒、感受，是這些決定了我們怎麼看外面的世界。

我們怎麼定義都可以，怎麼感受都可以，怎麼期待和渴望都可以，只要你不覺得被騙和受傷。是我們自己給自己下了一個很大的評判，叫做「我受傷了」，如果只是損失一點時間和金錢，就沒有受傷。如果我覺得自己很受傷、很受騙，從一分到十分的程度和強度，都跟我們自己內在下的定義還有賦予的意義有關。

**如果我們有受傷、受騙的感受和想法，正好是一個機會，一面鏡子，這個發生，到底要讓我來看我內在的什麼認知和信念呢？**

## ♡ 如果你用一個不受傷的內在去看這些發生會怎樣？

下週你還要去參加這個課程，現場的人沒有改變，還是說著那些話、做出一些行為，但是如果你沒有干擾，你心平氣和、心安理得、神清氣爽，你拿到了你去那裡想要獲得的學習，那麼感覺會怎樣？還會受傷嗎？

所以，我們真的可以不用為別人的受傷負責任。所有人的受傷都是自己讓自己受傷的。

> 如果你有一個受傷，你覺得是因為別人怎樣怎樣造成的，現在一定要提出來好好釐清，因為這是一個關乎內在信念的問題。

在我小時候，我的媽媽非常不覺知，情緒很容易暴躁。有一次我惹她生氣了，她發脾氣把我一個人留在大街上，我就在街上哭了四十分鐘。當時我五歲。這難道不是媽媽讓我受傷嗎？

一個五歲的孩子，在那樣的場景，是她的內心說自己「受傷」，還是一個三十五歲的成人回顧五歲的場景，把這個生命經驗定義為受傷？這需要釐清。這裡面仍然有定義，有我們對受傷的定義。「我認為一個媽媽不覺知，把孩子丟在那裡，讓孩子哭了四十分鐘，我作為一個成人，認為這個叫傷害孩子」，大家是否瞭解？這就是成人的定義。

成人的定義可多了。有些人的定義說，孩子不用管，她們怎樣都會長大。有些人定義說現在的人太呵護孩子了，讓孩子很自我，

到底什麼是對的，什麼是錯的？這些定義可多了。關於受傷，依然是在定義中受傷的。可以釐清的是：這個定義是真的嗎？

**所有的受傷都跟你的定義有關。不管別人做了什麼，做的多差勁、多不好，重要的是你可以不受傷，不難過、不悲傷、不憤怒。這是我們可以活出來的生命狀態。**

　　我們無法改變世界，有那麼多人，那麼多行為。我們最能負責的是自己的生命狀態。我跟自己的生命從生到死，她是我這輩子最重要的。我的生命如何不受苦，有自由、愛、和平，我要怎麼做？不是靠這個世界上的人都來愛我。如果需要世界上的人都來愛我，我才不受傷，那日子就太難過了。

　　不是「別人做了什麼傷到了我」，而是「我認為什麼傷到了我自己」。

## 1.3 訓練自己失聯，還是訓練連結

在心教練的課堂裡發生了這樣一幕：
一名學員在說自己朋友的故事，說了大概有5分鐘的時間，整個課堂都很沉默，只聽到這個學員的聲音在繼續。

Eva老師這個時候問了一個問題：

Eva：你剛才在說話的時候，有感覺到自己的心情嗎？

QY：心情啊？

Eva：是的，你說話時候的心情

QY：很緊張。

Eva：嗯，很緊張。說到這裡呢，你的緊張如何了？

QY：我希望能夠讓緊張變好一點…

Eva：你有注意到你的緊張嗎？

QY：有！

Eva：有嗎？

QY：有吧！

Eva：有吧就是不確定。

QY：是！

Eva：就是說，你帶著緊張在說話，可是你並沒有跟緊張連結。（QY：是）
　　那緊張怎麼會怎麼樣呢？

QY：我不懂⋯⋯

Eva：是，因為剛才你説你不知道心力在哪裡。

QY：是的。

Eva：如果你想要你的緊張放鬆一點，就需要關注你的緊張，在你的心裡面去
　　　跟緊張連結。譬如説你知道你在緊張，可是你在説話的時候，你沒有去
　　　關注這個緊張！你沒有連結它，你只是在注意説這些故事，什麼人，什
　　　麼事。你並沒有連結這個緊張，如果你有連結的話，當你説：「我感覺
　　　好緊張哦」，當下就跟緊張有連結，説完，可能就不那麼緊張了。

這就叫心力。

　　當你和自己有連結，你就回到心，因為緊張是一種心情。如果你跟它連
結，「我現在感覺到自己很緊張」，我就深深的去感覺這個緊張，而不是不
管它。如果不管，繼續説，就會繼續讓自己緊張。

　　如果我們同理這個緊張。緊張是什麼感受呢？是為什麼緊張呢？此刻的緊
張也就是你啊，它是從你的裡面出來的感受，就在當下，不是昨天晚上，或
今天下午，就是現在，你在緊張。那你要處在當下，感同身受，跟這個緊張
有一個同理。感受我的緊張，瞭解我的緊張，連結我的緊張。如果你這樣
做，試試看，心力馬上就出來了。

QY：有。聽老師講，我的心鬆開一點點，我感覺比較自在。

Eva：這就是連結。如果不連結，就會一直緊張，然後這個緊張會變成一種無
　　　意識的模式。

　　從你開始講話，我感覺到你心裡有一個哽哽的感覺。你有一個心情。我聽到了。我看著你帶著那個心情一直在講，於是我就提了一個問。如果我不提問，你可能就一直講下去，你就跟自己一直失聯。也就是說，沒有跟自己真正在一起。

　　如果這個變成你的模式，就進入失聯模式，一直跟自己不同在，不清楚自己的心情感受，這樣，你也不會清楚別人的心情感受。不懂自己，自然就不懂別人，就會形成人際溝通上的阻礙。

　　（老師轉而對所有學員說）所以大家聽不懂的時候，就要練習提問。當你感覺跟一個人說話不連結，她說的，你沒有辦法跟她在一起，沒有辦法真正在聽，那就要切，可以問「這裡是在發生什麼」？

　　大家覺得是我們彼此連結比較重要，還是聽她說完那個故事比較重要？

　　當然當下的連結比較重要。當我們在一起，失去連結了，就停一下，搞懂發生了什麼，不讓彼此處在失聯。

　　如果我們不暫停，就漸漸失聯了，你也沒有在聽。你正在失聯。如果不處理，就成了你的模式。你可以跟這位同學失聯，也可以跟所有人，所有關係失聯。這就很可怕了。是不是？大家在一起，但是不連結，形同陌路。就像很多家人，心沒有辦法在一起。因為平時，我們一直訓練自己失聯。

QY：老師，你講了這段話，我現在是開心的。

**Eva：所以怎麼轉成開心，學到了嗎？**

QY：就是跟自己的心在一起，感同身受。跟自己做連結。

**Eva：你現在發現了。只要感覺不連結，就「停」，我們一起來連一連哪！每個人都想要和他人有連。有緣在一起，大家就要真誠、真實。連上，沒連上，沒有對錯。可是如果不面對，不提問，不暫停，那麼就在持續訓練自己的失聯。**

其實沒有人想要訓練自己失聯。所以我們可以進入覺知，看看我們的生命模式是怎麼去發生、發展的。

## 怎樣活才沒有恐懼

經過一段時間的靜心覺察，我漸漸發現，孩子真的是沒有問題的，是我自己常常活在恐懼和擔憂中，忘記了愛。人要怎樣才能沒有恐懼呢？

 **大腦是來解決問題，而不是創造問題。**

我的老師瑞哈夏對於痛苦之身有很精闢的說明。

你想過嗎？人們需要靠痛苦來支持自己活著，因為痛苦之身如果沒有用痛苦來餵養的話，小我的活動空間何在呢？所以我們會在生活中不斷地創造出很多痛苦。好讓這個恐懼用痛苦來餵養它，不然這個恐懼活不下來，那就意味著小我的死亡。而人們創造痛苦是容易的，小我的死亡卻是不容易的。因為這樣也才顯出小我很有力量地活著，大腦就會來不斷解決問題。

想一想啊，有一天當你的生命再沒有任何問題需要解決的時候，.哇！那大腦的意義在哪裡呢？小我會覺得自己是多麼的不重要啊？小我的存在就在於解決問題，所以如果沒有一個創造問題的我，又如何能讓另一個能幹的我來證明自己超有解決問題的能力呢？

## ♡ 恐懼是如何形成的？

恐懼是與生俱來的。我們每個生命都是哭著來到人世間，好害怕；面對這個出生的過程，從母親的子宮到產道的距離，好遠好漫長；不斷聽到母親大聲地喊痛和喘氣，好害怕；好多好多的緊張、痛苦、掙扎……這一切到底還要多久才能解脫，這樣的恐懼從出生就帶來了。

在我們整個從出生到成長的過程當中，我們又接收了非常多恐懼的種子。它跟著我們一起長大，它持續的成長，在父母的管教、師長的訓斥中，甚至在我們生命中的種種發生，都有可能強化了內心的這份恐懼。

該拿它怎麼辦呢？這些強大的恐懼感已經淡化了我們心中的愛和渴望。所以內心不敢有夢想，不敢相信自己，不敢做決定，甚至不敢去愛，因為害怕有一天會失去……

**事實呢？當你害怕而不敢去愛的時候你就已經失去了。這恐懼如影隨形，佔據了我們的身心。這一生恐懼感伴隨著我們的生活與工作，它會以自我否定、控制他人、身份認同、二元對立、創造痛苦一直惡性循環著。**

## ♡ 如何消除內心的恐懼？淨化內心，唯有覺知。

　　心教練的訓練和修煉是「從醒覺到覺醒」，從自覺、覺他、覺行中落地，培養一股念念分明、如如不動的覺知之光，來看清這些恐懼感都是來自於我們頭腦思考出來的幻象。

　　就像是我們一起去爬山，無論你再累也還是得自己一步一腳印的走上山，當你氣喘吁吁舉步維艱的走到了山頂，你靜靜地站著，吹著涼風，遙望那一望無際的田野風光，那是什麼景觀？什麼感受？真是如釋重負的解脫感。如果只是給你看再多登山的影片，或是和你分享沿路的風光，你的真實感受要從何而來呢？那個得之不易的珍貴解脫感，你只能自己走一趟。

　　**人生的恐懼就是一段一段的修煉淨化和轉化之旅，重要的是，你打算怎樣一步一腳印的進修這個生命學分？這個世界上有百分之十的人走向了宗教，另外百分之九十的人呢？**

　　一旦你能夠透過覺知，看見你在追求各種身份認同時，你的內在會開始進行有智慧的「心對話」，你開始用心地聆聽自己的內在對話，究竟我是誰？我在追求什麼？害怕什麼？

## ♡ 你問，要如何從恐懼回到愛呢？

這對大多數人來說都是蠻有挑戰的，因為我們的心智模式是長期泡在恐懼裡面。這個象徵小我的恐懼常常會幻化成我們的身份認同。

像是我非常需要別人的肯定，或是想方設法要取得各種社會地位，我想要的種種表現。如果透過「我」做什麼，我可以讓別人知道我是怎麼樣的人，我相信「我」是很有用的，「我」是有價值的，「我」的存在是有意義的，「我」是很偉大的。我們的腦海中很在意這些，因為我們一直活在恐懼中，內心中似乎有一些想法像是一卷錄音帶每天在重複播放著：認為自己是不重要的，我是沒有重要身份的，我是不夠好，不夠有價值的。因而窮其一生，人都在追求更多的自我身份認同，想要變成某某某。

事實上從恐懼轉化為愛只是一念之間，恐懼來自存在於頭腦的思考模式，而愛存在於內心的覺知。

> **做為教練，並不是一個教育家，也不是一個教導者。教練不做分析和評判，更不提供建議，只做引導和陪伴，陪伴對方的覺性之旅，內在的一念之轉。**

## 1.5 怎樣活才沒有壓力

我是一名企業高管，經歷了創業過程中的種種壓力，來自家庭的，來自企業的。我37歲開始創業，和妻子養育了3個寶寶。沒有好好照顧到第3個寶寶讓我很內疚。我過著別人看來很好的生活，可是我承受的壓力和經歷的事情是常人無法想像的。

 **生命的課題不在外在，而在內在。**

我剛剛在臺灣參加完我的老師的課程，我跟著他學習已經跟了20年。我也是從早上7點開始工作到晚上11點的人，但我每年一定用一個月的時間去印度進修，我還去澳洲進修，去美國、英國上課，為了尋找能讓人離苦得樂的課程。究竟什麼道路是解脫的？我是過來人，我說的不是理論，是見證、是事實，是我已經在的狀態。

生命的課題不在外在，而在內在。

**我的老師說，對與錯都是一種思想暴力，如果我們的生命中有對和錯，就是對自己的施暴。因為對與錯，只是在不覺知的狀態，怎麼樣才能夠徹底的放鬆？今天你在這裡得到放鬆，更重要的是發現是什麼讓自己心力交瘁。**

我們可以從早上7點工作到11點，也可以去創業，也可以去帶三個孩子，這些外在所有的條件和環境都不是源頭，源頭只有覺知和不覺知。只要你有壓力，你就是處在不覺知。三個孩子不是問題，創業也不是問題。有些家庭主婦，在家什麼事都不用幹，先生收入很多，有豪宅，有司機，有保姆，可是她的壓力仍舊很大，什麼都有的人壓力也很大。所以這些都不是壓力的來源，什麼是壓力的來源？唯有不覺知自己的心智模式。

**可是你怎麼看見自己的不覺知呢？你的心智模式裡究竟有哪些想法、哪些觀點、哪些價值觀、哪些信念、哪些責任會勾出你的不覺知？這是我們需要去釐清的生命過程。**

有一天你的孩子長大了，有一天你的事業成功了，有一天什麼都過去了，可是不覺知還在，不覺知隨著歲月的過去，越來越沉重，這就是人到50歲、60歲的風險，所以生命的課題不在外在，在內在。唯有用覺知來看見、意識到自己是如何創造問題。

當你看見、意識到自己如何進入了創造問題的狀態，看見創造問題的想法，看見是哪些想法讓你有壓力，讓你有煩惱，你就在覺知之中。

## 怎樣活才沒有痛苦

> 人有可能真的沒有痛苦煩惱嗎？人生就是充滿了挑戰和苦難啊！

 **自己讓自己吃苦**

我在臺灣從大學畢業開始，有10年的時間，每天聽的都是人們的痛苦，因為來尋找心理諮詢的都是充滿了對生命的困惑。我每天面對案主，每一次聆聽，公說公有理，婆說婆有理，說來說去，家家有本難念的經。雖然故事不同，但是痛苦相同，外在的因素不同，內心的痛苦相同，內心的煎熬，內心的煩惱，內心的焦慮相同，所以每一次每一個案主來都是我研究的對象，我研究的主題不是他們的故事，而是人為什麼會如此受苦，而且都是自找苦吃？自己讓自己吃苦，這就是《當下力量》一書所說的痛苦之身。痛苦之身的存在讓我們不斷地創造煩惱、痛苦和恐懼，來支持痛苦之身。你不痛苦你覺得活的太輕鬆，你就是要用痛苦來證明你活的精彩。

不管你是誰，不管你在做什麼，不管你的年齡身份，這些全都是你的外在，內在的我們完全一樣，有誰的痛苦是不一樣的？當你覺得痛苦的時候，每個人的痛苦都是一樣的。

有的人為愛人離開而痛苦，有的人為房子火燒而痛苦，有的人為經濟破產而痛苦，不管外在的因是什麼，當你內心痛苦的時候，痛苦的感受沒有什麼不同。同樣的，當你快樂的時候，當你大笑的時候，那個喜悅沒有什麼不同，當我們進入內心，我們就可以連接，因為我們有一致性。如果我們只看外在，你就會看到你是你，我是我，你的背景我的背景，你的過去我的過

去，沒有一點是相同的，所以人們就很難連結。經驗這個連結，當你能夠連結，你就能夠認識當下。

## ♡ 痛苦來自於「只看到自己所沒有的」

我們所有的痛苦、情緒、不安就是因為你看不到你所有的，你只看到你所沒有的。你不關心、不關注、也不清楚你有什麼。我有個學生來找我，她說想做個快樂的媽媽，但是她告訴我的、給我描述的，全都是不快樂。我就問她，究竟每一天的生活裡面有沒有讓你快樂的事？她說有啊，我說是什麼？說來聽聽。第一什麼什麼快樂，第二什麼什麼快樂，第三什麼什麼快樂。我說那你的生活中快樂蠻多的嘛，那究竟你是要快樂還是要不快樂？她說我要快樂！「那你為什麼一直注意不快樂？」

我們一直注意我們的不快樂，忽略了我們的快樂，所以我們感覺一直不快樂，其實我們很快樂。你一直注意你的情緒、煩惱、痛苦、糾結，就忽略了你的幸福、恩典、健康、祝福、愛，情感，所有你得到的一切。可是我們只注意到那個我們沒有的、我們更想要的。**我們更想要也沒有問題，我們今年可以比去年更好，我們明年可以比今年更好，我們今天可以比昨天更好，我們可以要更好，但是不需要痛苦地要。**

> 我們可以更好，但是不需要痛苦地更好。因為在痛苦中沒有更好可言。

## 努力和順應不矛盾

老師，我在做教練的時候，到底應該支持客戶選擇目前最讓他自在的，還是支持他努力去追求他真正想要的？看到客戶明明有這個潛力，卻不去追求，總覺得很可惜。

### ♡ 生命自有成長軌跡

　　我們都希望能夠快樂地實踐生命的目標和渴望。當教練帶著自己的價值觀進入客戶的生命，就會有不忍、不捨、著急、期待。但是整個宇宙對生命的支持並不會因為我們想要花朵快一點盛開它就立刻盛開，或者想要它保留新鮮，它就不會凋零。對於宇宙的法則，對於生命的歷程，教練一方面順天應人，一方面引導客戶撥雲見日，而這兩者之間是完全不衝突的。

　　每個生命都有自己成長與發展的軌跡，教練是在大自然宇宙的軌跡中盡人事、聽天意。當我們內在有一份全然的達觀，就只是單純的做一面明亮的鏡子時，我們只需要去看見：對於客戶而言，什麼樣的目標和行動是讓他開心、是他真正想要去走出來的。

　　**在客戶追求理想的過程中，教練就陪伴對方面對這個實踐的過程，在這個過程中，看看每個階段如何不失去自己真心的渴望。這是教練可以陪伴客戶和釐清的。**

　　那麼，努力和順應的關係究竟是什麼？

## ♡ 順應心流

　　努力是我們頭腦中的正向思維，順應則是我們的心流。這是心教練心腦合一的精髓。在陪伴客戶的過程中，教練要保持覺知和智慧，不斷地看見、接受、處理、放下。這個過程是教練的修煉，也是教練和客戶共同心腦轉化的過程。它一定是山窮水盡疑無路，柳暗花明又一村。

人生幾何，最後也只有這句話可說。

## 18 人生的核心目標

> 我有很多目標和理想，有很多想要做的事情，經常定了一個目標，做
> 了一陣，又出現了另一個目標，好像更加重要。究竟要怎樣確定什麼
> 才是我真正想要的目標呢？

### ♡ 你的目標是來自於頭腦？還是來自於心腦？

有一個人在火車上從第一節車廂跑到最後一節車廂，跑得氣喘噓噓，有人問他為什麼不坐著好好休息，要跑得真麼累？他回答說「因為我想要早一點到站」。

我們的人生每一天就像是穿梭在不同的車廂，當你不停的向前奔跑，你是否就能夠提早到站呢？你是否清晰自己人生的核心目標，並且確認你的每一個行動都是向著你的核心目標前進的？

以前我在臺灣做企業教練的時候，"3W"是我們公司的最高榮譽，"3W"是什麼呢？每週（Week）三個客戶成交。收到費才叫成交，每週三個客戶。如果你是教練，每週三個客戶，簽好協定，收到費，就叫成交。這是我在做企業教練的時候，我們公司定的目標。很多人定目標不知道自己能做多好，既然公司定了每週三個目標，大家也就每週定三個。做了以後才知道有多難。

3W一開始不難，因為你認識很多人啊。不管你的功力怎麼樣，能力怎麼樣，因為人家信任你，很快就每週3W了。第一周有三個客戶，第二周有三個客戶，第三周也有三個……可是要持續就很難了，持續就不是靠人脈、靠機

會、靠機緣，而是靠實力、靠習慣、靠堅持，所有的正信正行都在3W裡面，如果你可以做到3W，就代表你有好習慣、堅持、能力、人脈、影響力、技術，所有的關鍵行為都在裡面。

做著做著，我們發現了3W的核心目標。要做到3W，你要設定一個什麼目標？這個目標如果做到了，3W就會做到。我們發現3W的核心目標是活動量。如果我們每天可以見五個人，不管是誰，不管他是A級客戶、B級還是C級客戶，不管他是有購買能力的，還是有需求的，還是沒有的，我們只管活動量。如果我每天可以和5個人談話，每天跟5個人分享，不管我分享得怎麼樣，內容怎麼樣，結果怎麼樣，覺知怎麼樣，這些都不管，我只要做這一件事，每天都可以做5次，堅持這樣做，你就一定可以到達3W。這個就叫核心目標。

**在你所有想要實現的一切：企業的、家庭的、個人的、專業的，健康的，所有的目標，如果你可以找出核心目標，就是說：如果這個達到了，其它都會達到，這就叫做核心目標。**

那我們每一個人的核心目標是什麼？每一個人，如果你要去找核心目標，是生活的，事業的，情感的，還是健康的？你的那個核心目標是什麼？

我們常常設定的目標是頭腦認為的、應該的目標：「我應該怎樣、應該做什麼」。只要是應該就來自於頭腦。目標的設定如果沒有心腦合一，常常就會心不甘情不願，內心沒有真正支持這個目標，也就是這個目標不是我們真心想要實現的，這樣的目標就很難產生持久有效的行動。

心教練的核心目標是覺知+績效。所以，我們內在非常關注、關照覺知，外在我們非常關注績效。心教練的服務是在對話中進入心腦合一的狀態，當客戶設定目標時處在心腦合一的狀態，我所看到的行動都是持久有效的。

# 績效可以不等於壓力嗎

> 心教練很走心，很關照內心的感受。但是在企業工作，不可能只談感受、不談績效、也不可能沒有壓力。心教練是如何支持企業人達成績效的？

## ♡ 壓力大真的是因為績效嗎？

我在一家教育集團講課的時候，問所有的高管今年的績效目標，我問：「我說到績效，你們會不會有壓力啊？」當時大家都說壓力好大。其實不止他們，醫生的壓力也好大、律師的壓力也好大，家庭主婦的壓力也好大！這世界上每個人的壓力都這麼大，都是因為有績效的目標嗎？

心教練的核心目標是覺知+績效。所以，我們內在非常關注、關照覺知，我們外在非常關注績效。每天張開眼睛，我就可以看到哪裡有績效，哪裡沒有績效。

## ♡ 覺知和績效

我發現，有覺知的地方我就看到有績效，沒有覺知的地方我就看到沒有績效。你們慢慢看，也會發現：沒有績效，就是沒有覺知。

上臺演講，你很緊張，什麼都忘記了，然後你覺得你講的不好。這是因為你沒有覺知，沒有覺知是什麼造成你的緊張，緊張使得你原有的能力沒有辦法得到發揮和發展，這就是沒有覺知所帶來的結果。

為什麼沒有覺知就沒有績效？如果不覺知像是黑暗，在黑暗中會看不清楚。但是在黑暗中如果有光，就可以看清。心教練透過問心來致良知，就是達到覺知，達到光，那個可以看見不覺知的覺知之光。

教練時怎麼致良知，怎麼去啟動覺知是心教練的核心技術，因為覺知會帶來績效。在覺知中，我們就會知道應該怎麼做、最好怎麼做，我要怎麼做。

**所以，心教練的心是練心，教練就是目標、行動、績效。在我們的心上進行所有的目標和行動就能績效非凡。**

我們做教練為了什麼？是為了績效！人生的績效！哪一個人的生命不需要績效啊？不是企業要求我們的，是我們自己，我們每一天都覺得有在實現我們的理想，有拿到好的成果，我們就很開心，很幸福、很滿意、覺得自己很棒。

我有需要誰來管我嗎？如果一切都是我自己的追求，為了生命中很重要的核心點。所以，沒有人不想要績效，這就是教練存在的價值，我們就是為生命的覺知和績效而存在的。

## 1-10　如何讀懂人

當每次跟老師對話的時候，覺得老師你好懂人心。我要怎樣才能像你一樣，對人性有很深的洞察力呢？

### ♡ 讀懂別人之前先讀懂自己

讀懂人性和讀懂人心一樣，是要一直練習的。先從自己身上看人性和人心，因為人人都一樣。你能把自己看精通了，你就能對別人也看精通。

**我是把我自己作為學習對象的，因為你沒有辦法和任何一個其他人時時練心，只有跟你自己！**

如果我們能做到時時刻刻練覺知，也是王陽明先生說的「事上練心」時，每一件事你都可以去關照，去覺知。當我們能夠一直練覺知的時候，你就能夠看到你生命的種種模式。

事上練心是在生活中處理每一件事，面對每一個人都能從心出發，這樣就能雖然處事但不離心。

當你能用心看明白心腦活動在你言行中的狀態，你就會越來越看懂和了解人心人性；進而推己及人、知己知彼是很自然的。

這是500多年前陽明先生講心學的聖地，貴陽龍場（今修文縣）的陽明洞。

# 人為什麼要醒覺

人為什麼要活出覺知，又為什麼需要「醒覺」？

 **覺一直都在，只是醒和未醒**

我們內在的「覺」，從來都沒有不在，它只是有時在睡覺，就像我們晚上都要睡覺。所以這個「覺」字很有趣，它可以是睡覺的覺，也可以是覺醒的覺，它就在醒來和睡覺之間。

這個覺一直都在，只是它也要睡覺，可是睡覺也會醒來，但是它也常常不醒，不醒的話會帶來什麼現象？

煩惱。人會有很多煩惱，工作上會有很多障礙、生活中會有很多困難、人與人的關係會有很多破裂、對立、金錢會覺得匱乏、疾病會覺得非常痛苦、死亡沒有辦法接受，人生一切自然的現象，會因為沒有覺，而覺得非常的不自然，非常不順，非常不好......

這些「非常」，都是來自於我們的認知、我們的認為、我們的判斷，我們不覺知的看法。

一個在睡覺的人，他能夠去喚醒他人嗎？

這些「非常」，都是來自於我們的認知、我們的認為、我們的判斷，我們不覺知的看法。

所以我們的覺，對於我們內在的思想與看法，以及由之產生的情緒與感受，比如痛苦、煩惱、不安、焦慮、緊張、壓力，所有這些感受，都需要醒覺，如果這個覺醒來了，那你的看法就會瞬間改變。

陽明心學說：「心即理」。這個心，就是覺。如果這個覺它醒了，它亮了，那你這些創造情緒的想法，你都會發覺，基本上那些情緒、感受和結果，都是不覺知的思想創造的，就是自己的認為。

**但是如果你不覺，那你就被影響；如果你覺，你就影響它，你就可以影響你的思想、思考、思維，這就是西方現在所說的「正念」。**

其實東方對於正心、正念、正覺、正行、正信，早已講得很清楚，但是沒有一套實踐的方法，理論智慧哲學很多，但是沒有講怎麼做。西方的正念加上了操作，有練習的方法，讓思想念頭可以轉正，正知正覺，讓人沒有煩惱痛苦，這個過程就是在醒覺。

**所以在教練的服務過程中，關鍵就是醒覺。因為所有人跟教練對話都可能帶著一個渴望、或者一個壓力，一個問題，或者有一個沒法解決的現況。**

教練的正行是「不分析，不建議，不評判」。如果你是老師、主管、父母、朋友，幾乎都會建議和分析，可是教練不建議、不分析、不評判，那他能做什麼？

在整個對話輔導的過程中，要創造績效，來轉化思想，如果要有行為的改變和結果，他可以做什麼？除了醒覺，他還能做什麼？

**所以東方心教練的關鍵技術就在醒覺。你要怎麼透過教練的對話，讓對方一直處在醒覺，一直醒覺，他最後自己完全可以發覺，這個想法可以改變，這個行為可以改變，這個情緒根本就沒了。**

原來的觀點，原來的困難，一旦轉念了，這世界還是一樣的，只是他的內在的心智模式不一樣了。心智模式就是他的思想、情緒和行為。一個人一整天所作所為的背後，都存在各種想法和感受，行為只是感受和思想在外面的呈現，

## ♡ 自己先醒覺才能喚醒別人

所以，教練服務就是透過教練對話促進醒覺。做到醒覺，需要教練自己先醒覺。一個在睡覺的人，有辦法叫醒別人嗎？

而每個人醒覺的狀態，1到10分，10分到100分，到1000分、10000分，沒有終點。

覺，就像生命的存在一樣，每一刻都是新的，每一刻都是新的「在」，很多「在」是你根本想不到的。

透過覺，我們會知道我們想法的限制，或者你沒有想到，或者你想的偏了。有了覺以後，你對自己的想法產生的覺，那個時候的想法叫「心思」：心和思在一起，就是心教練第一階段的訓練：心腦合一。心和腦是同在、沒有分離的。

我們常常沒有醒覺，我們只在頭腦的思維中活著、行動、作為，所以我們跟人的心沒辦法連接，因為我們的心沒有醒。沒有覺，我們就只是在「外在」跟人打交道。

**所以醒覺，是先回到我們自己的內在，我們自己醒覺了，就可以讓別人醒覺，因為你醒來了，你就可以，看看怎樣引導別人醒來。這可以應用在自我成長、組織發展，助人服務等等很多方面。**

> **心教練就是一個教練加修煉，每當你在做教練，就在修煉覺知，這是一個覺知覺行合一的過程。**

## 1-12　生活處處可靜心

> 我真的是太忙了，實在沒有時間每天做靜心。怎麼辦？

### ♡ 等待靜心

請大家眼睛輕輕閉起來。你可以發現，閉著眼睛聽跟你張開眼睛聽，是否有什麼不同。閉著眼睛有沒有讓你的專注力稍微更集中在當下一些？因為你的外在干擾減少很多。當我們張開眼睛看到別人，就會牽動很多思維。

閉上眼睛，給自己一個安靜的當下。自動調整你的深呼吸，讓這個行動自動化。只要你覺得比較疲累了，你比較緊張了，比較喘不過氣來了，你需要休息，就可以把眼睛閉上，然後調整一下自己的呼吸，這是最好的充電，讓我們的身心得到一個短暫的深度的轉化跟平衡。

**等待是最好的靜心。當我們在等上課、等聚會、等開會、等紅燈，所有外在正要進行的事情還沒有開始的這個空擋，對於我們這些忙碌的人來說，就把這些零星的時間拿起來，眼睛閉上，調整你的呼吸，進入越來越深的體驗，體驗不同的能量。每一次眼睛閉上，感覺到你的頭腦思維可以更放空一些；每一次的經驗都是會獨一無二的。**

我們不執著於過去的經驗，不管我曾經多麼的入定，或者多麼的混亂，那都已經屬於過去。現在，是我們全新、全心的機會。每一次眼睛閉上，就去感覺，你的思想有沒有更放空一些，身體是否更覺察、輕鬆了一些，心情是不是更穩定了一些，身體的舒適感和不舒適感有沒有變化…。

有形的身體和感覺，明顯的感覺都是存在的。你對能量有感覺也好，沒感覺也好，它都一直跟空氣一樣的存在。做這個的目的，是平復我們的身心，打開我們的覺察，讓我們練習在每一個等待的空檔，你都能夠自動的、不會忘記的把眼睛稍微閉起來，深呼吸，進入更深的內在空間，感覺自己的身體，和整個坐在這裡的放鬆的狀態。

剛開始我們會容易陷入睡眠，或者是沒有太多的發現，漸漸的，越練越練，只要你眼睛閉起來，你的內在有一個GPS的導航儀，它會自動跟著你，為你服務，立刻把你的身心能量帶到一個非常舒適、安定、安全、喜悅、寧靜的狀態。

**享受這樣的3分鐘和5分鐘，再開始處理所有外在的人、事、組織。所有的事情，依然在你的行程當中，如何把這樣的行程放進來，我們可以用一些等待的時間，這些等待的時間本來就沒有計劃要做什麼事情。就從今天開始，把這個身心覺察的練習放進你的行程當中，每一次、每一次去體驗。**

此刻的狀態和你早上的狀態就有可能不同。關於心教練，教練心，最珍貴的，就是處在當下，就只是眼前的這一刻。

## ♡ 壓力靜心

我們的頭腦如果過度使用，就會創造壓力。我們的身體也在接受我們給它無形的壓力，所以這一刻請讓我們的身體保持一個放鬆的狀態，放下手中所有的物品，放下眼前的工作，讓我們來做個靜心。

**把注意力放在身體上，平靜，安靜下來，不是外面的環境有什麼改變，是我們裡面環境的改變，這個改變是從環境來到心境。**

## ♡ 失眠靜心

昨晚當我失眠的時候，我就開始做微笑靜心。這個靜心是在等待什麼？等待睡眠！就是當你睡不著的時候，你在等待睡眠，等待你突然可以睡著，所以，練靜心。我就做微笑靜心，躺著、微笑著，去感覺臉上的笑意，慢慢的笑啊、笑啊、笑，笑開來……什麼時候睡著的，我也不知道。

你想一下，當你在那一刻睡著的時候，你是帶著微笑睡著的，跟你躺在那邊不停的想說：「哎呀，怎麼睡不著！哎呀，什麼時候可以睡得著！哎呀，現在要做點什麼！哎呀，什麼什麼」的時候，然後不小心你也睡著了，你是帶著煩惱睡著的，帶著那個恐懼、擔憂、負面的能量入睡，你感覺一下你的睡眠品質會怎麼樣？

**所以睡前的靜心，不管你幾點睡，不管你能不能睡，都要做一個靜心，會讓你的睡眠品質、能量體，在你睡眠的時候繼續得到滋養，繼續在運作這個正能量。**

## ♡ 工作靜心

當我們的頭腦在思考中、在工作中能夠一直處在當下的狀態，就是工作靜心。思考就只是思考，談話就只是談話。

大家把眼睛閉起來感覺看看，我們靠的是心裡的能力，叫心力。**內心裡有份力量叫心力，這個力量大過體力和能力。如果是體力有時不能支撐了，透過心力的力量卻可以做到。**

我們一直在說心智模式的改變。心智模式就是我們從頭到腳之間的距離，也就是你腦子裡所想的，跟你雙腳能夠做到的之間的距離。而這個從頭到腳，中間經過我們的心，這個地方是關鍵。也許我們體力和能力都有限制時，只要我們把心裡的力量拿出來，我們就能夠把目標實現。

## ♡ 管理靜心

在一個組織中，當每一個人的能量可以在當下調整賦能的時候，這個組織的發展空間、團隊的能量都會跟著改變。大家的能量體都不同的時候，這整個空間所有的能量場就不同了。

**所以我們常說，一個團隊裡面每一個人都很重要，每一個人攜帶的能量和意識思維進入這個組織，就創造了這個團隊的氛圍和組織的問題。**

## ♡ 休息靜心

忙碌之餘，我們給頭腦、思維一些時間，讓它在不斷的奔忙之際能夠漸漸的平息、平緩。人累了要休息，頭腦累了，為什麼不休息？

通常我們給頭腦45分鐘的時間，它才能夠慢慢的真正休息。

**試試不去和思想抗衡，就只是安靜的看著，彷彿坐在河邊，望著流水，看著它來，看著它走，一切都在片刻之際，自然的來來去去。**

也可以把它看成天上的白雲，念頭飄過來，飄過去，我們只是靜靜的坐著看著那朵雲，而不會和它一起飄走，就只是安靜的看著，看著、看著…。

感受到你就像是一個坐在天空裡，看著天空白雲的人，那樣的安靜，不被干擾。安靜的看著，不論你看見浮出的是什麼，都只是安靜的看著，你會發現，此刻你所看見的下一刻就不存在了，就只是看見這一刻你所看見的。物來則應，過去不留。

## ♡ 祈禱靜心

我們常說「心想事成」，事情之所以沒有成，是因為我們並沒有全然從心力來想，我們無法區分是從我們的思維和「頭腦」來想的，還是從我們的「心」來想的。

**「心想事成」，它是完完全全來自於心的能量，而不是思想的能量。**

## ♡ 溝通靜心

有多少次你在跟別人說話的時候，你都沒有碰觸你的心。不管是任何的關係，當我們在和別人溝通的時候、跟別人說話的時候，你可以覺察一下，是不是每一次說話**你都是從你的心裡面在說？或者是你心裡面真正想說的，你的口卻沒有辦法說出來？這中間的落差是什麼？**

## ♡ 關係靜心

兩人安靜對坐，先不說話，把對方當做你的一面鏡子，用心安靜的看著對方，就像是看著自己。讓你的身體舒適，對鏡練心，把對方當作鏡子，不說話。

你的情緒、感受、思想、行為，所有發生的就是因為有那面鏡子，覺察你有什麼變化？當對方是無聲的，你所有現在的發生、發現都來自於你自己，你的感受。

# 生存、生活、生命

> 我並不喜歡現在的工作，它就是一份收入的來源。我總是告訴自己，
> 等我打好了物質基礎，就可以追求自己的理想，做真正有意義的事情
> 了。但是我經常覺得不快樂，覺得自己在浪費生命，可是又沒有勇氣
> 放下這一切去追求自己內心真正想要的。生存是必須，生活很現實，
> 可是這樣做，我是否對得起自己的生命呢？

## ♡ 生存、生活、生命無法同時存在嗎？

這個問題很好。生存、生活、生命是馬斯洛心理學關於人類的需求、人
性的需求，從基礎到高層做了一個區分。譬如說生存就是人要活下去，那一
定要有食物、有安全，有物質。然後人就會進入到生活的階段，能夠活下去
了，才能夠說你要活的比較好，進入到生活的品質。生存是必須的，每一個
人如果沒有基本的物質，那他就活不下去。

當人有了基本的生存能力了，開始追求生活的品質，然後生活裡面就包含
了尊嚴、尊重這些品質：我活得有尊嚴、我活得被尊重。馬斯洛強調如果你
都吃不飽、活不下去了，那個時候的人不會想追求尊嚴還有愛。人在生存之
上，才開始對精神的品質有要求。

　　然後最高層的就是自我實現一生命的意義。我不只是活著，我不只是活得更好，我還要活得有意義。那這個意義是什麼呢？所以人就會開始探索「我是誰」、「我要去哪裡」、「我的使命」、「我的天命」，「我這一生活著要做什麼貢獻」，自我實現屬於生命存在的意義。

　　從很早的時候我就在自己的身上見證，「生存、生活、生命」有沒有可能同時發生、同時兼顧、同時實現？一個人剛剛畢業要找工作求生存的時候，他能不能就考慮生活和生命？還是說要先有一個溫飽，有一份收入，然後等到收入已經穩定了，他再來思考生命的意義或者是這一生的價值？

　　我自己做自己生命的試驗田，我是從生存的階段就開始思考生命的意義的。所以我會在大學畢業的時候就開始尋找理想，在沒有理想的地方收入再高我也會離開，我去練習經驗那個不恐懼，我不害怕辭掉一個帶來安全感的工作，好像我有一個收入的保障，我可以把它放掉，就算是事業沒有收入，我也要堅持去尋找我生命的意義和理想。

## ♡ 三生可以一體

從大學畢業走到現在，我從來沒有只是為「收入」工作過，都是為「意義」工作，一件事情如果沒有意義我就不會做。這樣走過來，我的生存和我的生命是一體的。

**「三生一體」，也就是說「我時時刻刻都活在生存、生活和生命當中」，我是平衡的，我不會在生存的階段就委屈自己，為了生存然後忽略生命。**

對我來說，當我這樣實行的時候，我從很年輕的時候就在思考，人能不能夠這樣活著？能不能夠這個「生存、生活、生命」就是一體的，是沒有分離的？沒有說先生存了再談生活，就是可以同時關注，不管我做什麼，不管我怎麼活，我是生存、生活、生命都能夠和諧、自然、平衡。我在很早的時候就給自己這個功課，就是要試試看。

如果不那麼做，我也活不好。如果我在生存階段放棄、放下生命意義的話，我也活不好，我沒辦法這樣活。因為我跟著我的本心，我的內心會有指引，我內心的覺知會一直告訴我要怎麼活。所以我一直依心而活，活成今天這個狀態。「生存、生活、生命」對我來說很早就是一體的，沒有說哪個比較重要，刻意為了哪個，它就是同時存在。

　　所以我不管在人生的哪個階段、做哪個工作，我都會把「生存、生活、生命」安排妥當，讓自己有一個平衡、一致性。我在談生存、生活、生命的時候是自然、合一的，它就是一件事而不是三件事。

　　當這個三生成為一體的時候，人就不會困在金錢裡。當我們就只是去考慮生命的意義和價值，然後為這個生命的意義和價值獲得生存的時候，會活的很好。但如果只考慮金錢，考慮怎樣生存的話，你就感覺有些不對勁，因為你的生命意義和價值被忽略了。

　　重要的是怎麼樣能夠不害怕、有行動、又不停，因為你是跟隨著生命的意義走，你的行動都是把你帶到生命的意義和價值。在這個「不停」又「不怕」的路上的時候，你會發現生命是可以整合的。

# 事上練心怎麼練

> 陽明先生講要「事上練心」，想知道老師是怎樣練心的？

## ♡ 練心是內在的功課

練心練的是覺知。我很早就開始養自己的覺知了。我在開始心理學工作的時候，對於起心動念，每一個時段我的念頭有產生干擾，我就會立刻練。

干擾發生時，大家都有感覺，你有困惑、有情緒，你有任何一點情緒，你其實都有感覺。但是如果不去觀察、關注，有時候積累到了很大的情緒，就不知道從哪裡覺知起了。我是從一點情緒，只要有情緒我就會開始看念頭。看這個情緒背後究竟有哪些想法，然後什麼樣的想法會創造情緒。這樣的內在的功課我已經練了很久很久了。

## ♡ 每天，每時每刻，只要發生情緒的時候就要練。

練習剛開始時，找不到真正的「兇手」，到底是什麼念頭出了問題。然而就是因為有停下，去關照念頭，在這個停下的空間和時間，覺知開始啟動了，只要有這個啟動，覺知就會越來越強。

　　一開始覺知像一根火柴點亮，燒一會兒就滅了。繼續養，繼續養，慢慢的火柴變成了蠟燭，不會那麼容易熄滅了。這時候一陣疾風吹過，發生了所謂的挫折，蠟燭被吹滅了。沒關係，繼續養，蠟燭會變成火炬，這個覺知之光變得很亮，很強，風吹雨打也不那麼容易熄滅。還是可以繼續養，火炬還可以變成太陽，始終在那裡照亮黑暗。這是一個沒有止境的養覺過程。

　　關於人生的修行，心教練陪伴的是一種在生活與工作中的修煉與行動，讓覺知之光一次次照亮你的心智模式，讓你清晰、釋然、明白、有行動力。

　　**覺知是我們內在本自具備的，我們內在具備恐懼，我們的內在也具備覺知。**

　　這就像太陽會下山，黑暗會來臨，然後太陽還會再上升，黑暗會褪去。這個覺知就是黑暗中的光，光讓黑暗瞬間消失，讓我們可以清晰看到這個舊有的心智模式在做什麼，在運行什麼、在創造什麼干擾。然後，我可以做一個新的選擇，

　　揮一揮衣袖，不帶走任何雲彩。

　　要隨時隨地，每個當下問自己，觀照著這個內在的覺知是不是能夠從火苗變火炬，如果你沒有時時應用你的覺知，你就在餵養你的恐懼、餵養你的小我，如果你選擇時刻活在覺知之光，時時刻刻靜心就是你連接覺知非常重要的途徑。

心教練所練的覺行功夫是將覺知在每個當下時刻應用出來，透過每一個行動將覺知活出來。事實上我們每次的教練過程都在修煉覺知。

## 1.15　如何走出情緒的牢籠

> 我很容易焦慮、緊張。我上過很多情緒管理的課程，希望自己的情緒
> 不要那麼多。聽課的時候都能明白，可是回到生活中，遇到事情的時
> 候，還是會忍不住一次次陷入情緒出不來。我是不是真的有可能走出
> 情緒的牢籠，獲得自由？

♡ **所有的情緒問題都來自於我們的思想。**

我有一位學生，他非常優秀。他的媽媽得了癌症，他開始焦慮，「如果我
也得癌症怎麼辦，如果我老了以後得癌症沒有人照顧怎麼辦？」他沒有辦法
放鬆，在這個過程中他甚至都準備放棄自己了。所有這些受苦的情緒不斷地
發生，他開始吃安眠藥，整個人都快垮了，從內在對自己不斷地進行摧毀。

他打電話給我，如果我老了的時候得這個病，沒有人照顧我怎麼辦？我問他
說，你確定你會老嗎？是死亡先來還是老年先來？當我聽他敘述的過程中，內
心要完全安靜地聽，就能不介入他的頭腦故事，不跟隨他思想的制約。

對於人生未來的不確定和不安感，都是由我們的思想所創造出來的問題，
我究竟會不會老到有一天我得病，然後沒有人照顧我，或是到我老的時候，
我究竟是一個人、兩個人，還是一家人，都是不確定的。

**而我們的頭腦會一直編故事，危險的是編著一個個淒慘的劇本，然後讓自己在那裡面不斷地沉浮，**教練的幫助是透過提問直指核心，讓他看到強大情緒背後的思想制約，所有的情緒都來自背後的思想，如何引導讓他看到背後的思想，然後讓他可以轉念，就會有一個不同的想法發生。

**最後這個學生跟我說，跟心教練交談比吃安眠藥有效。**

你的頭腦，你的身體，你的情緒都有一股能量長期在你的內在。有覺知的時候，頭腦會知道他需要放鬆，身體會知道它需要放鬆，知道它是如何的過度承擔了，情緒也會放鬆，它們需要一個出口。如果我們壓抑感受過久，你的感受透過你長期的壓抑變成憤怒、攻擊，它不是情感，而是情緒。它不能表達真實的情感和感受，它只能表達攻擊、投射。因為它壓抑太久了，很累，它沒有覺知、它沒有方法，這就是我們在能量中會釋放的壓抑性情緒。如果你有同理心，就想一想，你有讓你的頭腦好好的休息過嗎？

## ♡ 情緒出現正是我們做功課的時候

在情緒發作的過程中，你怎麼做功課？如果你有做功課，你的覺知才能越來越快。這個功課有三步，三步法進入覺知、消除情緒困擾。

### 第一步，覺識：你要先看見這個情緒

我們會不會看不見自己的情緒？會，情緒來了，我們渾然不覺，然後被情緒使喚著、掌握著。所以情緒一發生了，你要先看見。我現在有情緒，不太開心、有點生氣、有點緊張、我不滿意、我憤怒、我討厭，任何情緒來了，去看出它，這個叫辨識。這個是inner work，內在的工作。

我們每天8小時做外在的工作，可是你竟然連1小時的內在工作都沒有做。而你內在的工作完全影響你外在工作的績效，如果你想要績效更好的話，你一定要做內在的工作，內在的工作怎麼做呢？情緒是最好的途徑。

**所以，感謝你的情緒，一旦情緒發生的時候，你就有機會，你就有途徑，你就能做內在工作。**好，情緒發生了，我現在到底是生氣還是悲傷？搞不清楚，那麼搞清楚一下。內在工作第一步，先認出這是個什麼情緒。

## 第二步，覺察：觀察感覺背後的觀點

透過覺察去觀察，我為什麼會生氣？他剛才說的那句話，我為什麼會生氣？然後我有什麼想法？我希望他那樣講，然後他怎麼這樣講呢？他怎麼這麼不懂我呢？我今天累了一天，他難道不知道嗎？將所有的想法掃描一下。你要去看，究竟你的內在是怎麼創造情緒的？因為我們所有的情緒的背後都是思想。

你沒有做這個工作，你就變得不明不白、不清不楚、不幸福、不快樂。如果你有做這個內在工作，如果快的話，3分鐘，如果慢的話，30分鐘。一開始可能看不見，情緒走不出來。但是，你越看、內在工作越熟練，情緒一發生，你就會很快開始看到情緒背後的想法了。

## 第三步，覺知：一念之轉

隨著我們看到情緒背後的想法，覺知就會發生。然後就「啊哈，瞭解了！瞭解我自己為什麼這麼氣啊，原來我是這樣想的。那我為什麼這樣想？」那個覺知一發生的時候，心思就轉變了，一念之轉的力量就在這裡。

**這一念之轉的力量在那個當下出來了，這就是東方心學所說的「心即理」，你的心就是那個覺，然後你會重新看到一個沒有制約的思想。**

這三步是我們人生的內在工作。如果我們想要把這個不快樂、不幸福的模式，這個被情緒控制的人生翻轉的話，我們一定必須做內在工作。天下沒有不勞而獲。我們的情緒模式是用幾十年的行為模式創造出來的，如果我們不去做內在工作，從思想觀念到覺知，那你會覺得轉化情緒非常困難。就像你說的，上了課都明白，但是真正做的時候，慣性模式這麼強。想到了你就做一下，沒想到你就忘記了，忘記了久而久之就歸檔。

如果有教練陪伴，你的內在工作會容易很多。教練可以陪伴覺識、覺察、覺知，因為教練是善於做內在工作的。做情緒轉化的功課就像三餐飯一樣，讓覺知情緒變成你生活的一部分。

## 1-16　人生心法：不急、不停、不怕

> 老師，學習了心教練，我真的看到自己很多的心智模式，現在知道了它們是如何影響著我的情緒、人際關係、工作狀態，我要改變的地方太多了！有時候我都沒信心了，我真的可以做到嗎？

###  30年積累的心智模式，你給自己多長的時間來轉化

每天把你所知道的那點轉化化成做到就可以了。即使這兩天只做到一點，那也就夠了。因為你只要持續的做到你能做到的那一點，持續做到，你的生命、生活、心智模式都在這改變個的過程中，我們不急、不停、不怕。

在我們的生命中，只要你清楚每天的目標，然後只是處在當下的每一個行動，如果你是真實的在每一個當下，那麼未來也就在每一個當下中。每一天也不過都是每一個當下。每一個當下，如果都能夠是這樣的一種狀態，昨天做的如何不干擾你，明天是否能做到也不影響你。

如果你的心智模式受苦模式已經積累了30年了，你起碼要花三年才能轉化改變，30年所積累下來的模式，如果你看到了，你想要轉變，你起碼也要給自己三年的時間，所以不急、不停、不怕。但是正確的目標，正確的行動，有效的方法是重要的，也是需要的。

致良知 教練家：覺知、喜悅、績效。

## 1-17　帶人要帶心，先帶自己心

老師，帶人好難哦。為了讓他做得好，比我自己做累多了，說了一遍
又一遍，教了一次又一次，還是教不會，結果還是不好。結果不好，
還是我擔責任啊。可是他還不感激，不開心呢，覺得我要求很多，對
他不滿意，還想要辭職。帶人怎麼這麼難？

###  將心比心，每個人的心都是一樣的

我在臺灣的時候一直帶銷售團隊，用教練方式輔導銷售業績，業績是企
業的命脈，是企業最重要的一條生命線，很多企業都會請教練去輔導銷售。
我在企業輔導銷售的時候，有些業績最差的，他們不肯走。業績差的，若在
別處，他會為自己另找機會，他會希望有一個可能性，希望更賺錢，希望換
個環境有更好的績效，他會覺得是這個環境不適合他。可是經過我們的輔導
後，那些收入不佳的人，他們不離開，為什麼？因為他們的心在這裡，他們
希望他可以在這裡成功，雖然目前還沒有達到他們理想的目標，可是他們的
心在這裡，願意在這裡努力突破。所以帶人要帶心。

怎麼樣帶人帶心呢？要先帶自己的心。如果我連自己的心都不熟悉、帶不
動，怎麼帶別人的心呢？因為你沒有熟悉的成功經驗。只有你能夠熟悉自己的
心，你就能夠自然熟悉別人的心，因為將心比心，每個人的心都是一樣的。

什麼是你的心？你只要陷入頭腦裡的評斷、分析、否定、苛責、要求、痛苦、不安，都代表你沒有入心。陽明心學說：無善無惡心之體，有善有惡意之動⋯

**因為這些所有的痛苦都不在心海上，而是在腦海中。**

你覺得自己這裡不夠、那裡不好，都是一種自我評判。你批判自己，也必然批判別人，這就叫制約與模式。你熟悉的，你當然都會用出來，你會這樣子對待自己，你也會這樣對待別人，因為你只會這一套，你只熟悉這條路。所以你怎麼對自己，你自然怎麼對別人。

在我的心智世界裡，沒有批判。批判是一個幻象，批判是一個誤解，批判是因為你不夠瞭解真相，只是如此。有一次我不知道在哪裡上課，要寫出你憎恨的對象。憎恨？我看大家還很振筆疾書的樣子，洋洋灑灑好多。我寫不出來，因為我內心的憤怒、嫌棄、討厭都很難找到。

你怎麼對待自己，就怎麼對待別人。一直在你的心上，你才可能回到你的團隊裡面帶人心。帶人要帶心，人自然會留下來，人會自然想要更好。帶心，先帶自己的心。組織的心性就會強大起來。

> 用心跟每一個人說話，你就會有覺知。當你在給人建議的時候，當你在對人批判的時候，當你在說你的故事的時候，你的覺知會讓你清醒地明白你正在說的問題的真相到底是什麼。

## 1-18 同情為什麼幫不到人

> 今天我給客戶做教練，他說到自己孩子的情況時，我感到內心一陣感動，因為他說的情景、心情，我都經歷過，非常感同身受。於是我對客戶說，「我和你一樣，我的女兒也有這樣的情況，我很理解你。」
>
> 在教練過後客戶回饋的時候，他卻說我的這句話給他帶來一些干擾，讓他有一點走神。我不明白，為什麼我的共鳴和同情會是干擾呢？

### ♡ 同理心的最高層次：同在心

你問的問題對於教練來說非常重要。教練需要用心聆聽，而用心是有不同的層次，有時候我們用的是同情心、有時候是同理心、有時候是同在心。

同情心是說：在教練過程中，當客戶說到讓她難過的經歷，教練也感到很難過，這是同情心。

同理心呢？當客戶說到讓她難過的經歷，教練完全明白、理解客戶難過的心情，沒有評判分析，沒有勾起自己的觀點、情緒，這是同理心。

同在心是指：教練全身心地與客戶同在，連結到客戶的內在整體可能性，並且帶客戶也連結到這種可能性，這是同理心的最高層次：同在心。

　　同情心是認知的層面。比如說，當客戶說起童年的經歷如何讓她「受到傷害」，如果教練認同了那個故事，對客戶「受到傷害」感到難過、同情，這是在認知的層面產生的認同。

　　同情也很容易移情，在專業關係裡面會是一個制約。當教練因為同情而移情，就沒辦法做鏡子。

　　因為教練的情感回到了感受自己，回到了自己人生經歷中一些同樣的感傷、情懷、情緒。教練在同情對方時，已經起動了教練自己內在的心智模式。

　　作為朋友，同情心可能會連結彼此的情感，作為專業工作者，要非常小心同情心。當陷入同情、認同故事時，教練說出來的話、教練的回應、教練的感受，可能更多處在認知的層面。

　　所以你的客戶說，他會有受到干擾的感覺。這需要教練非常保持警覺，要抽離出來覺察自己是否在同情狀態下的反應。

　　同理心是在感知層面的工作。當客戶說起童年的經歷如何讓她「受到傷害」，教練可以感同身受。比如一個孩子被冤枉了，那是什麼樣的心情，教練可能沒有這樣的故事，但可以理解客戶此時此刻的感受和心情，因而跟客戶建立連結。在感知層面，一位教練能夠善用同理心，理解對方，通過聆聽和理解建立很好的連結和信任，釐清的工作就可以在同理心中進行。

　　同在心是高層次的同理心，是教練在覺知的層面工作。從心教練四體覺察的角度來說，教練對自己和客戶的身體、思維、情緒、能量都能在當下保持覺知。身體的覺知是覺察自己和客戶的身體語言和狀態。思維的覺知是指教練對客戶的觀點、念頭的發生保持覺知，同時教練可以及時發現自己大腦在想什麼、有什麼建議，在分析什麼。情緒的覺知是指教練可以聆聽到客戶情緒的變化，同時覺察自己的情緒變化。如果有長期在能量場域中學習和發展的經驗，教練還可以對能量有所聆聽和閱讀。

　　當對四體保持足夠的覺知，教練可以進入高層次的同理心，做到深層聆聽。教練可以覺察到客戶身體的語言和信息、以及大腦的思維、說出來和沒有說出來的內在的情緒。這可以讓教練的對話快速有效，直接進入深層鏈接。

在教練服務的過程，同理心應用是專業的狀態，同在心應用是修煉的狀態。

# 第二章

怎麼做——
如何陪伴他人活出自己

## 2.1 　心，可以教練嗎

> 心教練，教練心。心是可以被教練的嗎？

###  讀懂心智模式、覺察制約、化解干擾

你們有沒有發現，「教練心」三個字有兩個意義？第一是教練｜心，是說「教練你的心」。第二是教｜練心，是說「教你如何練心」。這兩個意思合起來代表了心教練的工作，我們用不同的方式來達到致良知。

「心」在不同的體系，有很多不同的名詞表示。心性，覺性、我是、良知、覺知，本心……是同樣的意思。教練你的心，是在你的心上教練，讓良知能夠行動。

能夠感知人的心智模式，是一位教練最最核心的能力，人的心智模式包含了人的情緒、思維和行為模式。

**如果教練能夠讀懂對方的心智模式，就會像一座燈塔，在被教練者的內在世界照進一束覺察之光，支持對方看見他固有的心智模式和內在限制性信念是如何形成他的人生干擾，因為一個人若能看清自己的心智地圖，就能看見問題背後的問題，他會擁有真正由內而外的轉變。**

　　那麼如何閱讀人的心智模式呢？我在心教練的服務中領悟了三個步驟，而且我發現這也是實踐陽明心學「致良知」「心即理」「知行合一」的真諦。這是有關東方心學的智慧應用，不僅是讓教練的服務更加輕易，也是人們生命生活工作中解決問題的有效途徑。

## ♡ 知心

　　首先和大家分享的是要先「知心」。

　　當我們與人進行溝通和對話時，要區分對方是在用心，還是在用腦。凡是跟思考、分析、組織、控制、評斷有關的邏輯理性思維都屬於用腦；凡是跟感性、感受、情感相關的都屬於用心。我們從小到大所受的教育大多偏理性，不管是學校、社會還是企業，很少能接觸到心力的發展和學習。

　　然而我們這一生的許多角色經營，不論是為人父母或是師長、還是各種組織的領導者，這些重要的關係經營的成敗關鍵卻在於如何用心，不是嗎？

　　所以在心教練的學習與培育中，我們首先從覺察自身的心力和腦力開始，在每個行動中保持覺察，關照自己在每個當下如何心腦合一。

## ♡ 練心

其次，我們要經常練心，事上練心。

當我們明白了什麼是心，什麼是腦，我們要開始養成習慣經常做內在工作（Inner work），就像每天出門做外在世界的許多工作，我們也要每天抽出時間堅持做內在世界的工作，就是關於我們的練心。練心的方法有很多，心教練課堂中最常用的是「醒覺靜心」，應用靜心練習「空、鬆、定、靜、覺」。

空：是我們將思考放空，暫停不思考，像是處在一種發呆的狀態
鬆：放鬆身體
定：進入內心的安定
靜：進入寂靜
覺：連結內在覺察力

覺，是教練的核心能力，經常練習連結內在覺察力，就能不帶任何評判和分別心的看見自己固有的心智模式和限制性信念。

## ♡ 問心

然後，我們就能夠自然自在的問心。

這是整個教練過程服務的核心，「心教練、教練心」，在整個心教練的對話過程中讓客戶瞬間轉化的關鍵就在於能夠教練對方的內心，當我們的心被喚醒、覺知醒來，就能夠做到心腦合一，就能夠清晰自己真正想要的是什麼，然後就能依心而行，心知心行。

## 2.2 教練如何用心轉念

余丹

> 我從座墊上興奮的起身，和一個夥伴走到課堂中央的位置，準備做一次教練會談，這次我做教練，她是客戶。我顯得信心滿滿而興奮。

### ♡ 做得最糟糕的一次教練

　　會談過程在前5分鐘裡就讓我感覺到不對勁。雖然我面帶微笑，語速不快不慢，而且也是在按教練流程走，但我感受到我的身體緊，越來越緊，我在提問也在聽，卻又似乎沒有聽，腦袋裡出現很多念頭──是哪裡出了錯？怎麼是這樣的狀態呢？趕緊看看線索在哪？心裡開始著急，想要瞭解更多資訊去找到線索，於是又不斷的問……，到10分鐘左右的時候，客戶回應我：「我已經和你說了三遍了，你怎麼還在問？我要是知道怎麼做就不用問你了，我覺得你沒有用心聽我在說什麼。」

　　「我在用心聽啊……」我回應到，一邊說著一邊湧出委屈和不滿。後面我們又說了些什麼？我記得我跟她說：「如果有讓你不舒服的地方，你告訴我。你看看我可以怎麼幫你？」之類的話，但我依舊能感受到我和她之間的連結越來越少，到最後，斷掉。她說「那我們就先聊到這吧，不聊了。」

　　「好啊，我也不太想聊了。」強烈的挫敗感襲了過來。這是我經歷的最糟糕的一次教練過程。

會談結束後，我們進行了三輪分享。我自己分享，其他觀察員回饋和分享，Eva老師回饋和分享。剛才的會談過程，我感覺很有挫敗感。我覺得可以做得很好，可是竟然是這樣的狀況，我不知道是哪裡出了錯？

Eva：這個挫敗感的背後，你是怎麼想的？

我：我覺得我要做好這次會談。

Eva：「我要做好這次會談」這個內在的聲音是什麼時候出來的？

我：我上臺之前，我就跟自己說我應該要做好，因為過去幾個月，我已經約50個人提供了100個小時的教練服務了，我必須做好。

Eva：這個內在的聲音，對你做教練會談有什麼影響嗎？

我：我對自己有這樣的要求，所以當和客戶在會談時，我就會去不斷地check這個要求，所以整個過程本質上還是以「我」為中心，而不是以「客戶」為中心。客戶反映出來的就是我不足夠聆聽，沒有足夠跟隨她，最終也沒有建立好關係和結果。

## ♡ 用心轉念

這段經歷，對我有很大的意義，這讓我看到了心和腦的矛盾。我在靜坐，觀呼吸中覺察到「當下」與生命的連結，覺察到當下就是轉瞬即逝。過去，未來都抓不住，唯有這「當下」才屬於我，這覺察和看見轉化成智慧讓我潸然淚下。

卻又在「我應該做好教練」的自我期望中，把一切能量和注意力都交給了未知和我的認知，最終在會談結束時失去了良好的關係和結果。

　　生平，第一次體會到過去─現在─未來對於一個專業教練的意義。教練唯有安定在這「當下」不急不評不判，才有機會將「覺察」帶入另一個生命裡，讓那個生命從認知回到本心，從講故事到覺情緒，察思想和信念，尤其看到情緒背後的限制性信念，陪伴那個生命看到他/她內心的渴求和干擾，這樣一幅圖我曾在客戶身上看到。

　　他們說「原來是這樣，怎麼會是這樣，天啦，我都做了什麼？！」好多人看到那幅圖時曾驚喜到流淚。啊哈，我也豁然開朗了。

## ♡ 對專業心教練生起敬畏之心

　　從此，對「教練」生起敬畏之心，我花了很多錢，很多精力去學習教練，諸多的教練派別，教練方法和工具有時讓人眼花。

　　我記得曾經有個教練在和我會談時，對我說：「我接下來會用XX工具和你做這次教練。」當時我是不舒服的，卻說不上哪裡不對勁。今天終於明白，那個不舒服是為什麼了。

　　教練進入的是每個人的生命，是一個個鮮活的截然不同的生命，不是理論不是技術不是工具，用工具模型又如何能框住這生命呢？

　　唯有入了心，才會有覺察，有了覺察，才可能有真正的行動。有了行動，才會有想要的果，善果。所以真正的教練是對心做提問，對心做聆聽。對心做訓練，教練和修煉是一位專業教練的核心功課。

　　心知心行，也許才是知行合一。在這條路上，很慶幸能遇到良師Eva，讓我有機會重新從起點出發，帶著對成為一名專業教練的敬畏之心，重新走在路上。

## 23 心腦合一是怎樣的過程

> 心腦合一是怎樣的過程？什麼是心，什麼又是腦？

Eva：Amanda你好，謝謝你的參與。現在我邀請你閉上眼睛，不論你的情緒
當下處於怎樣的狀態，我們先來感知一下身處的所在，也就是這個當下
此時此地。

（幾秒鐘後…）好了，Amanda，你現在想分享什麼，如果你準備好了，我
們隨時可以開始。

A：我覺得疲憊，想放棄現在的工作。

**Eva：有這個念頭多久了？**

A：今年伊始，新財政年的開始。

**Eva：能說說當時你面臨的狀況嗎？**

A：我的工作壓力很大，指標高，難以完成，同時合作部門不給力無法支援我
讓我更覺疲憊。與此同時，我熱愛我的工作和團隊，去年我們在重壓下還
是完成了銷售任務；我的客戶也需要我和認可我，這些又給了我動力，在
我暫時找不到更好的去處時，我還沒有實際的行動。

Eva：嗯好，Amanda，你的環境沒有改變，團隊還是這個團隊，合作部門還是那個合作部門，去年你是怎麼做到的呢？

A：我們部門自己承擔了合作部門本該負責的很多事。

Eva：那麼從你的內在和外在環境看來，似乎都沒有什麼改變，你覺得你今年也能做到指標嗎？

A：今年我的指標又上升了，我負責的區域擴大了很多，有點被逼上梁山的感覺，新財年開始到現在半年，我快承受不住了。（情緒激動難過）

Eva：（停頓了一下）好的，讓我們現在先與這些感受在一起，感受你的委屈與重擔，你可以先完全和它們在一起，等你覺得可以說時我們再繼續…

A：我沒有合作部門的支援，在如今更大的指標壓力下我覺得無法完成。公司的態度是給予其他部門更多時間，而我和我的團隊正面臨刻不容緩的境遇，我快不行了！（再次激動）

Eva：你剛才說了你的委屈和憤怒，你說你可以完成指標，但你心裡不平衡不甘心，能不能告訴我你此刻感覺到你的憤怒在身體的哪裡？

（Amanda將手放在了自己的心上，告訴Eva這裡充滿了憤怒和委屈。Eva邀請Amanda就這樣安住在自己的內心…）

Eva：你想要一個可以給你支持的人，那個人有可能就是你自己，現在好好看著你內在的憤怒，你面對心境，也面對了你所處的環境，現在，你覺得可以為那個目標做什麼呢？

A：（閉眼停頓一段時間後）我可以繼續完成並支援部門無法完成的事情。
（心力流現）

（A心平氣和地說…此刻就像是奇蹟發生了一般，我們看見當A能夠全然的與
自己同在，給出自己支持，之後她不再期望從別人身上獲得支持與瞭解了，
她瞬間變得有力量起來了，這就是心力超越能力的見證，轉化不可能為可
能。）

Eva：好，你現在再跟自己做個對話，你聽見內心有什麼聲音，你真正希望看
　　　到的是什麼？

A：我希望公司可以覺察到我們團隊的境遇，覺察到合作部門的不作為，覺察
　　到我們正面臨的險境。

Eva：你覺得你去做什麼行動可以達到你希望看到的呢？

A：我可以先不去糾結自己與公司，自己與其他部門的關係，先做好自己的事
　　情，帶好自己的團隊。專心於我們團隊目標的達成，屆時再觀察公司的轉
　　變，與考慮我的去留。

Eva：很好，這是你目前心中所決定的下一步的行動是嗎？

A：是的。

## ♡ 坐在心上是平靜安心的

為什麼在教練對話中，Amanda從情緒激動、充滿憤怒委屈，突然就進入了平靜、清晰、有力量？這就是一個由腦入心，心腦合一的過程。

心腦合一，首先需要區分，什麼是用心，什麼是用腦？

心和腦其實很容易區分。只要你陷入糾結，一定不在心（註：無善無惡心之體）。你有片刻的安定、安寧、安心、自在自由、祥和和諧、一致性、幸福感，那你就在心上。我們看一看大腦，從早到晚你的糾結、判斷、評價、否定，大概是你一天主要的時間（註：有善有惡意之動），你在大腦的時間和在心上的時間比例是怎樣的？

當我們進入心，一個人的想法念頭瞬間就改變了。原本有很多創造問題的想法，是限制性思維。可是一旦進入心，那個覺知就打開了、光就出來了。那個心路可以讓人即知即行。（註：知善知惡是良知）。

我在多年心教練服務的過程中，每每看著這些心智模式的轉化，因為這些舊有的思維模式是30年、50年，甚至70年的積累。在我所服務的企業中，有很多人天天處在受苦的思維模式中，或者受到限制性思維模式的干擾。如果心智處在不覺知的狀態，根本沒有看到自己內在的干擾，怎麼拿掉？覺知就是讓你非常的安定明白，心知心行。如果在外人來看會說，怎麼樣怎麼樣，可是你卻做的心安理得，因為外人用他們的認知在看，你用你的覺知在做。

如果你把注意力放在過度思考，首先，它會引起你的限制性思維。關於
「過度」，我們可以想想你的身體。如果缺少睡眠或是卻從不休息，你的身
體會怎麼樣？要不就是生病，要不就是沒有力氣，要不就是情緒暴躁，當你
的身體過度使用的時候，你很清楚會怎樣。可是你的頭腦思考過度，你卻不
清楚。你的頭腦運用其實已經過度了，在這個過度思考的頭腦應用當中，會
產生很多限制性的思維，不但思考沒有用，而且會壞事，破壞你的任務、角
色、關係。

**過度思考、限制性的思考，它們會帶來什麼？干擾性情緒。壓力、緊張、
憤怒、對立、衝突、悲傷、恐懼、懊惱，這些大家都很熟悉，它們來自於過
度思考而產生的干擾性情緒，所以覺知對我們很重要。**

有覺知的頭腦叫心思，心在思的前面。心腦合一即是有覺知的思考。關於
我要思考什麼，我是有覺知的，所以我不會過度。有覺知的思考，不會創造
干擾與情緒，只會聚焦，解決問題，這就是有覺知的思考。

心教練在做的訓練是心腦合一。

如果我們能夠來到從腦頻道轉到心頻道的切換，從限制性到開放性的切
換，從負向轉向正向，從妄念轉為正念，從頭腦轉化到內心，從無明轉化到
覺察和覺知，這些都是我們切換心腦的過程，也是教練對對方最大的貢獻。

**這就像一盞燈，開關打開，對方透過覺察看見那些種種的發生和發
展，讓客戶在腦與心的切換與轉化時看見自己人生發展的可能性，
當他從干擾制約轉向正向思維，自己就會很清晰接下來要怎麼做。
教練就只是鼓勵他陪同他，然後持續追蹤他們有效的行動。**

# 心腦平衡有助生命發展

> 人們其實只有一個問題，就是心和腦是否平衡的問題。每個人都有各種各樣的問題，而且人和人都不一樣，為什麼老師說都是在心和腦所產生的問題呢？

## ♡ 活出真正的自己，騎驢還是牽驢─自我探索的真相

有一個老人，騎著一頭驢子，帶著一個小孩在路上走著。路人經過說：「這個老人怎麼這麼殘忍，讓小孩走路呢？」於是這老人就趕緊下來，讓小孩騎著驢子，繼續往前走。又有路人看到說：「這個小孩太不孝順了，真不懂事，怎麼可以讓老人走路呢？」於是小孩也趕緊下來，

現在，老人和小孩，就陪著驢子一起走路。

我們想要活出自己，可是卻不知道可以怎麼做，永遠被別人的意見牽著走。別人總是會說，你應該怎麼做，你應該怎麼活，什麼是對的，什麼是錯的，然後你就跟著走，到最後還是不知道真正該怎麼做，有驢子也不能騎，只能辛苦的走路。

所以我們想要活出真正的自己，很難，因為你總是聽信於別人。小時候聽命於父母，長大聽命於配偶，要不就聽命於老師，要不就聽命於孩子，要不

就讓孩子聽命於你，**所以這一生都在聽命於別人，即使你真的要做自己，還真的不知道怎麼做，因為你總是在聽別人怎麼説。**

### ♡ 不知問題背後的問題，好比瞎子摸象─自我認知的假相

有一個瞎子，想知道大象長得什麼樣，所以他就去摸象。他摸到大象的鼻子，他就説大象是繩子，又摸到大象的腿，就説大象是水桶。摸到大象的身體，又説大象是銅牆鐵壁。瞎子因為看不到全貌，他摸到什麼，就認為是什麼。

對於生命的真相，我們像瞎子一般的去觸摸，就如對大象的局部認知，一次次自以為是，認為這就是真相，所以常常會用自己的已知，來改變我們對生命的認知。

如果我們面對人生的問題，就像這個瞎子摸象，沒有看到問題的全貌。比如説，我想要做自己喜歡的事情，可是我沒有時間。但是我們每人每天都有24小時，長到現在的歲數，已有這麼多的時間，可是我們並沒有支持自己做自己真正想要做的事情，這真的是因為沒時間嗎？瞎子摸象，就如我們對於自己生活和生命中的問題，並不知道它究竟是個什麼問題，那麼要如何解決呢？**我們對問題只是片段的認知，自以為是，又怎麼可能解決問題？所以我們每天都有好多的情緒，積累、積累，無法解決，因為我們看不清真正的問題是什麼，這就好比瞎子摸象。**

## ♡ 看到不可能，以為無解─自我實現的實相

有一隻小象，它在小時候就被馬戲班用鐵鍊圈住了腿，不讓它亂跑。它每次想要調皮的跑一跑，每個方向只要走到鏈子的長度，就被鏈子扯住了，於是它只能在固定的範圍內走動。

隨著這頭小象不斷長大，長成一頭大象，越來越壯。這根鏈子還拴得住它嗎？

基本上拴不住了，只要他用力走動，可能連柱子都可以被連根拔起。

可是它這一輩子一直都只在這個圓圈裡打轉。它的腦子裡面認為，它只要走到這裡，就走不出去了。它從小的記憶、記錄讓它認為，它只能走到這裡，自己不可能走出去。當差不多走到鐵鍊範圍的時候，它就會停住。所以它這一生，無處可去，只能在這個圓圈裡面打轉，而它不知道自己有這個可能性，它只要用力向前走，它就走出去了。

所以，對於我們生命中要解決的問題，我們常常認為無解，我們認為不可能。我們是不是可以看到那個可能性，是不是在那個圓圈的範圍之外，看到有那個可能性和空間的存在？

要怎麼看見呢？醒覺。

無法做到，是一個判斷和認知。就像小象，走到邊緣就不走了，對生命的可能性不覺知，不清晰。當我們的大腦不夠清晰、意識不清醒，我們就只能在原地感覺束手無策。

我們的生命發展很需要一個體系化的學習讓我們走出去，活出來。我們上過了很多課，這個技術，那個技術，這個認知，那個方法……治標不治本，頭痛醫頭，腳痛醫腳，我們還是沒有看清自己生命的全貌。我們看不清這頭大象，它到底長成什麼樣？而我們是小象，還是大象？

我們並不認識真正的自己，因為我們還沒有真正的活出自己，因為我們總是聽命於人，我們在有限的自我認知中探索，又總是頭痛醫頭，腳痛醫腳，我們一直受困於這頭小象的認知，在自己的原地打轉繞圈圈，無法走向那個內心的光明。

我在上海18年，也接觸過很多的課程，我深深的感到我們需要一個學習體系從自我探索——自我認知——自我發展——自我實現——來落實成人生命的學習，感覺要有一個解決方案，能讓我們不做那個老人與小孩，也不做那頭大象和瞎子，我們可以像小象長成大象一樣，心腦並用、自我實現。

很多人會問生活和工作怎麼樣求得平衡？工作啊，關係啊，情緒啊，這麼多衝突揪在一起，工作這麼忙碌，似乎時間永遠不夠用。人生所有的平衡，就只是心和腦的平衡，不管你生命的挑戰是什麼，只有一個平衡，就是關於心和腦的平衡。

由於我們很少去聽內心的聲音和指引，大多是運用我們大腦的能力、功能，所以心腦不平衡就創造出心腦不平衡的種種問題和現象，其實背後只有一個問題，就是我們的心腦不平衡。

心教練為什麼常練心，教練心？就是讓那顆心能夠覺醒過來，心腦可以並用，績效可以提升。前兩天在課堂上和一個學員對話，我問她說：你的心腦不平衡多久了？她說：32年。我問她：要給自己多長時間來平衡呢？她說：坐在心上，再給自己**32年**。

> **數字只是一個象徵，你可以當下就覺醒，只是我們如何可以有一些行動，開始關注我們生命中的心腦平衡。**

## 教練為什麼需要處在當下

> 老師，在剛才的教練過程中，問了問題以後，我會期待客戶有發現，當他好像沒有什麼發現的時候，我察覺到自己有點閃神，注意力跑去「哎呀，那我接下來要問什麼呢？」然後我就發現我接下來問的問題，和對方連結不上了。那個連結感瞬間斷掉了。怎樣才能做到跟客戶完全的同在，不斷掉呢？

### ♡ 處在當下建立同在感

當我們進入期待，期待都是關於下一刻，不在此時此刻，也就是離開了當下。有時候你有期待，代表你希望事情不是當下發生的這樣，是希望能變得不一樣的。那你跟你現在眼前所經驗的一切就沒那麼連結，你跟那個還沒有發生的比較連結。如果在每一個當下我都是全然的連結，我跟每一個當下的人、事、時、地、物都能如此的連結，我們是全然地同在。

### ♡ 同在是因為當下的力量

處在當下可以讓你跟別人非常地連結，那就是同在感。在完形心理學裡面有兩個重要的能力，Here and now，就是當下，第二個能力，fully contact，跟對方全然地連結。這樣你才真的是在用心聆聽，這也是U型理論中談到的深層聆聽，能夠進入深層聆聽才有可能進入深層對話。

如果你的心思不是處在當下，你就沒辦法真實的用心聆聽，聆聽力從1分到10分，你就沒辦法聽到那個深度。深層聆聽是有效發問的前提，如此你才有可能一針見血問到關鍵點。

## ♡ 深層聆聽、有效提問

**養成習慣，不管你在聽誰說話，讓你的身心都真的和他在一起。當我心神合一，我們是合一與同在的。有效發問是因為你有用心聆聽，用心聆聽是因為你能夠處在當下放空思維。當你能夠身心都在當下，你自然能夠與人建立深度連結跟同在。這也是建立信任關係的關鍵因素。**

試試看，不管你和誰說話，身心都真的和他在一起。觀察你的身心是否跟他在一個頻道，他有可能在講很多來自思維的語言，但是在90%的頭腦語言裡面可能有10%的內心語言，如果你一閃神，你沒聽到那10%的內心語言，你就只會在那90%的頭腦語言裡面跟他溝通和對話。但是因為我不閃神，上善若水，伴隨心流；當他一說到內心語言的時候呢，「噔！」那根內在的心弦就會立即回應，接著我就在他的心上提問。

能夠有效發問是因為你有用心聆聽，用心聆聽是因為你能夠處在當下，身心跟他同在。

# 教練的最高藝術是不做什麼

> 老師，今天我有一個特別的體驗。今天客戶的教練話題我很不熟悉，所以我感到自己除了聽他說，也不能做什麼。我就一直聆聽，提問，重複客戶說的話。結果客戶有很大的發現，他看到了自己的卡點在哪裡。我覺得自己什麼也沒做，為什麼比平時的教練效果還要好呢？

## ♡ 鏡子根本不做什麼

我們的頭腦一直習慣於要做什麼。一般人只要聽到別人提出一個問題，他就會馬上開始分析、判斷、建議，儼然他很懂你。頭腦很喜歡告訴別人解決方案是什麼。

## ♡ 對於教練而言，只有你不做什麼，對方才有可能自己做什麼

鏡子的功能是讓對方看見自己能做什麼，而不是你為他做。想想如果一個人照鏡子，看到鏡子裡有另一個人，會不會更困惑呢？鏡子不做什麼，讓這個照鏡子的人看見自己正在做什麼，想做什麼，能做什麼。

一個鏡子會做什麼呢？它只是安靜地存在，讓你可以透過它看清楚自己。

## ♡ 讓他的心成為他的教練

我們每天面對在紅塵中的種種意外發生，教練又能做什麼呢？教練在這一個小時的服務里究竟能如何創造改變呢？

這就是我的研究，我們要做那個內在的導航，讓人輕易的入心，這是陽明心學中致良知的力量，讓他回到 心，教練過程結束后，他的心會繼續引導他，然後他的心就是他的教練，人人心中皆有心教練。

我也一直做自己的心教練，每一天是我的心告訴我東南西北我要去哪裡，見什麼人，是心告訴我，每一天要做什麼，説什麼，我的心是我永久的教練，我跟她有非常好的親密關係。她是我的心伴侶陪我天天走在心之旅！

好為人師，不是教練，　　　厚德載物，是好教練，
喋喋不休，不是教練，　　　上善若水，是好教練，
自我表現，不是教練。　　　己達達人，是好教練。

怎麼樣把每個人內心的教練啟動？在教練離開的時候，他內心的聲音還會持續的指引他給他智慧。

## 2.7 教練不是權威、是真平等

> 老師，我發現自己有個心智模式，就是懼怕權威。剛才你表揚了YX，
> 沒有表揚我，我就感到有點不舒服。覺察了一下，發現自己的念頭是
> 「糟糕，我沒有得到權威的認可。」

 **教練是不塑造權威**

關於權威，權是一種權力，威是一種威力。專業確實是有威力的。我很專業，專業的力量大家都看得到。20分鐘的會談，可以讓人明心見性，念念分明，它的確是有力量的，非常有力量，人因此可以離苦得樂，可以豁然開朗，對於生命它很有力量，這是威力。

但是作為你們的老師，有什麼權？父母可能有權力，允許這個不允許那個，這個可以那個不可以，甚至可以責罰。老闆也有權力，他可以叫你離開或者叫你留下來，他有決定權。學校的老師有權力，他打你的分數，你能畢業或不能畢業，這些都是權力。對我來說，我是教練，教練關係是平等的，我做的是教練的老師、教練型的老師。

教練不塑造權威，教練是平等、尊重、關懷、引導、陪伴。所以我輔導教練、培育教練，發展教練，是以身作則。對我來說，我不需要權力。

教練不是權威，是真平等。

我們的人生關係，很多都有上、下、高、低、父母、子女、領導、老師，有些時候夫妻、朋友關係也不是平等關係，所以能夠體驗教練的平等關係，是珍貴的。

## ♡ 教練是最好的修煉

但是就像你說的，在這裡有一個心智模式。我們很容易把所有的老師都歸為權威人士。這樣，我們就沒有釐清我們對這個老師的真實感受，我們有過去的認知叫做權威人士，然後我們把它投射在每一個老師身上，使得你對這個權威的壓力就轉移到每一個你認為的權威人士身上。然後你跟他的關係就會變成你跟權威的關係，這個是心智模式。

所以我在跟YX釐清的時候，她恍然大悟說：「**是的，老師沒有什麼不一樣啊。可是我們就會很自然的把老師當成權威人士，那我們對權威人士有的那種感受和緊張就全部轉移過來了。**」

頭腦很容易就創造了情緒，情緒都在你的身體裡面，我們的情緒模式叫做控制、逃避、壓抑、投射。因為從小你的父母就是這樣教你的：不可以哭，不可以表達、不可以袒露，不可以示弱，這是我們的文化，因為我們的父母也是這樣被教的，他們也只會這一套。長期在權威之下——皇帝文化的威權，父母也是威權，老師也是威權，老闆也是威權，都是權威的角色，在我們的身邊有很多的威權——威權之下，你就會退縮、你會壓抑，或者過度的防衛抗拒。因為你壓的很久了，你想要投訴，可是你沒有帶著覺知，你的投訴只會壞事，在權威面前，要不就退縮，要不就反抗，這就是我們常常生活的狀態。所以你的頭腦，你的身體，你的情緒都很累。

**所以說，教練是最好的修煉。教練是不權威，真平等。在教練過程中我們體驗平等的關係：尊重、理解、陪伴、不評判、不控制，我們可以藉著做教練建立我們跟人真正的平等關係，建立在所謂的權威面前，活出內心的自在、自如、自由。**

2.8

# 問心的力量

**問心究竟怎麼問？問心會帶來什麼？**

心教練在進行有效提問的時候有三種可能的問心的狀態，分別是問心情，問心智，問本心。問心情是問對方的心情和感受，問心智是問情緒背後的想法和觀點，心教練最核心的技術是問心──致良知。

###  直指核心的問心最快

問心是最快、最直指核心的。問心需要教練練心到了一定的狀態，首先要信任心，然後是知道怎樣去到心，而且引導被教練者也去到心，然後，就交給心。讓對方用心領導自己，看問題、看自己、看解決方案，看自己所處的情境。

請看一個10分鐘的問心，如何讓人從一個多年的困惑中解脫出來：

YS：我常常有很多事情要做，但是好像都無法抓到哪一個是重要的緊急的，常常會想很多，然後突然時間到了，就得做完，所以就經常把自己搞到很累。

**Eva：嗯，很累哦。**

YS：是的。所以如果可以厘清我自己的問題在哪裡，可以更瞭解我自己，我做事的方法，應該會有一個不一樣的脈絡可循。

Eva：所以釐清對你是重要的。

YS：是的

Eva：好。我們來閉目養神一下。先感受你的累。如果累是你平日在工作中發生的狀態，先好好感受一下這個累。

如果它經常會陪伴你。累……有很多的事情會讓你感受到自己很累。此刻你可以先深深的跟自己的累感同身受。

引導語：有時候我們累的時候並沒有好好注意自己累了，還是在做很多的事情。現在在這裡我們暫時什麼都不做，我們就只是來好好感受一下這個累。從身體上，看看累是什麼？從心理上，感受一下累是什麼……

現在就跟自己的身心完全連結，去經驗自己的累，去感受這個累的狀態，累的語言……進入這個累，熟悉它，不忽略它。

當你深深的感覺這個累之後，我們來看在這裡現在有什麼發現和感受。這個累如果是你的一個內在的導航，它會帶你去看什麼？你跟累的連結是什麼？

YS：我感覺自己不懂得去拒絕。

Eva：不懂得去拒絕。（重複感受）

YS：是。我累積了很多事情，感覺要先把別人交代的做了，然後才能夠去做我本來就負責的事。可是我有很多突發的事情，是突然被交代的。我感覺是要先把別人交代的事情做好以後，我用下班後的時間再去處理我的事情。那其實身體很累了，但是腦一直在……就會覺得好累哦，就一直想扛著，這樣的感覺。

Eva：這個發現，你有什麼感受？好像你有很深的發現。

YS：這個發現，我以前怎麼一直沒有發覺？很多年了！只是會覺得自己想拒絕人，可是又覺得不能拒絕，就這樣的事情很多。我為了去做好這件事情，平常就要去儲備很多這些能力。就是腳不想走了，人還是去。剛才忽然覺得，原來我很多時間都在做這件事情。

**Eva：是的，你突然發現到了……**

YS：我怎麼這麼久沒有這種發現呢？

**Eva：是的，怎麼這麼久沒有發現呢？**

YS：自己累積 … 累積 … 。

**Eva：現在這個發現，將會怎麼樣的幫助你呢？**

YS：如果我還繼續做這些事，我真的要擅用時間，去把它處理好。真的沒辦法負荷的時候要跟對方說，"可能你先要找別人"。要學會敢去說出來。

**Eva：把自己真實的狀況去好好地溝通。**

YS：是

**Eva：好的，那我們再閉目養神一下。讓你內在的心神來引導你。看看此刻你的這個發現，你打算做的調整。也看一下你回去以後的畫面，你的工作環境，你的工作狀態。經過這些發現，你將會有些什麼改變？看一看你會看到自己的什麼改變？**

YS：桌面變得比較乾淨。（笑）

**Eva：（輕輕的笑）第一會看到桌面變乾淨了。YS：笑容會變得比較多，自己不急迫。**

**Eva：會放鬆**

YS：是，會放鬆。

**Eva：看到自己有笑容的在工作。還有嗎？**

YS：這樣就很好了

**Eva：是的，這樣就是很大的改變了。第一是桌面變乾淨，第二是有笑容的在工作。這是這個階段你想要看到自己的改變。**

YS：是的。我一直都不知道怎樣取捨桌面上的東西，覺得這個資料也要，那個資料也要。剛剛老師這樣引導，我發現了長期以來自己不知道的問題。

**Eva：感覺很輕鬆是嗎？現在看見了，也發現了。**

YS：是！

YS在對話後分享她的感受："只是十分鐘的對話，我的感覺是：用心對話，怎麼這麼快！老師只是引導，我只是眼睛閉著，可是呈現出來的畫面很清楚。我常常自己想，卻想不出為什麼。

平常我也學了很多的溝通，可是真的用的時候，還是用的老方法。這個感受，短短十分鐘，可以徹底改變我，真的不簡單，感覺很輕鬆。"

**Eva：用十分鐘，化解一個人的干擾，產生正向的力量，自動自發去整理桌面，放鬆的工作，這樣的效果，就是心領導力，引導他人聆聽內心的聲音。**

**我們沒有人不是領導者，每個人都是。領導者會希望每個人的成果都做得更好。有時很有耐心地講了半天，苦口婆心，軟硬兼施，但人家也沒有做得比較好。**

　　一個真正的領導者，有效能的領導者，要靠心領導力來領導人的心力。整個過程，是誰在領導？是她內心的聲音在領導。心領導力，是可以聽見每一個人內心的聲音，而且讓她也聽見。

　　註：YS課後傳來一張桌面清爽的照片，這是她多年想做到的改變，當一個人聽到內心的聲音，她就有了對自己重大的發現。我們在短時間內是不可能發現的。

　　如果我向她分析，你的問題是怎樣怎樣，然後再建議她可以怎麼做，卻不見得有效。心領導力，是用心領導一個人的心，她的心有智慧，就開始智慧流動，然後她會有自己心滿意足的解決方案。

　　人的本性本能，都是想要自己更好的。只是無法發現真正的問題，常常在不是真正的問題上消耗力氣。比如認為自己的桌面就是沒有辦法整理乾淨，然後對自己有很多的否定。但是當我們的心力出來的時候，很輕鬆就可以把桌面整理乾淨，因為沒有了那些內在的干擾。干擾都在大腦。而心，是直接化解干擾的容器。

　　當進入到心，心就會領導人清楚、想要行動。這就是心領導力。每一個領導都想要看到人這樣的發展。如果要做到這樣的心領導力，你就要修心、練心。

　　第二天早上這個學員分享道：

　　"昨天我回家時在想，這真是桌子的問題嗎？我發現桌子只是我內心的一面鏡子，是我的心一直處在混亂中，沒有在當下。之前我也不懂得當下的意思是什麼。當下是歷史和未來的中間，那我就是一直活在歷史。我有很多擔憂、焦慮，雖然知道怎麼做，但是行動上無法做取捨。"

我昨天回去，特意買了延後一個小時的車子，去逛街。有同學説某一家的烤雞好好吃，我就突然好想吃烤雞，就一直走，一直找，突然發現一家烤雞店。走過去發現店裡沒有賣烤雞，只有油雞，可是有賣烤鴨。我就想，好，那就雙拼！（説到這裡所有同學大笑）。油雞烤鴨都吃到了，突然覺得好滿足啊！原來人的快樂這麼簡單！就是依心而行。

晚上我就躺在床上，放空，睡覺。很神奇，我躺下去，一個晚上都沒有醒過，早上起來精神好好。好棒哦!好久都沒有這樣的好睡眠了。"

陽明先生現場教學：撥雲見日就是覺察制約、化解干擾。

# 教練為什麼不建議、不分析、不評判

> 學習教練時，我們知道教練是不給建議的。我想問，心教練要怎麼做
> 到不會給建議呢？

## ♡ 給建議是在投射自己的價值觀

教練要很清晰地知道為什麼不給建議，這不是教條，教練要從本質去瞭解為什麼。

第一，教練不介入自己的價值觀。教練通常給建議都是從自己的生命經驗出發，是從自己的價值觀來給建議。比如你問要不要結婚，我會從我的經驗我的價值觀來談婚姻，比如你要不要生小孩，我也會從我的角度和價值觀來給建議，不然從哪裡給建議？我當然從我的生命認知來給建議啊。

可是我的生命和你的生命截然不同，生小孩也對，不生小孩也對。贊成生小孩的人會講一大套道理，有孩子才會怎樣怎樣，不生小孩的人也會講一大套道理，哪有什麼對錯？無善無惡心之體，如果你是處在本心的話，人生是什麼都可以，重點是「你」想怎麼活。

**所以教練不可能給建議，給建議就在投射自己的價值觀。**但如果教練不明白這一點的話，他守不住，因為大腦會容易出來介入。如果教練從本質明白的話，他會以此作為修煉，來修煉自己的教練狀態。如果沒有從本質明白的話，他會很矛盾，他會覺得客戶現在就這麼困惑啊，他就需要給建議啊。

第二點是因為教練不給建議，客戶才有可能聽到自己內心真正的答案。

如果教練給了建議，看起來解決問題會快速，其實是快速切斷了客戶回到自己聆聽內心的那條路，因為客戶抓到了一個浮萍。人要走回自己內心的那條路，不容易。因為每天都在往外走，聽別人的聲音，再進行分析判斷，很少走回自己內心的那條路，聽自己的心聲。所以他**總想要快速抓到一點什麼建議，如果教練掉入這個陷阱，給了一個建議，瞬間就切斷了客戶回到自己內心的道路，也切斷了他致良知的機會。**

如果教練能夠明白陽明先生説的「人人都有良知」，人人心中自有答案，教練能不能夠守得住不給建議呢？

一旦回到良知，就能清清楚楚聽見自己內心的答案。但是如果一個教練自己沒有這樣的體驗，他要怎麼相信人的內心力量呢？

**教練的第一課也是最後一課就是：不比較，不分析，不評判，不建議。**

這個訓練必須要從我們的大腦轉化著手。不管你在進行哪一個活動，你都保持這個狀態。這不只是教練的訓練，更是教練的人生修煉。我們的訓練是在每個當下，去經驗這個可能性，不被頭腦裡面任何的念頭抓住。不一定是你要去抓它，它會來抓你。

當我們進入這樣的內在狀態，你就是覺知。你對你的呼吸，對你的身體，對你的丹田，對你的思考，對整個場域，你都保持覺知，覺知使你知道那是身－心－腦的真相。

## 2-10 教練為什麼不做療癒

在教練對話的過程中，常常被教練者會卡在負面情緒中，或卡在過去的創傷帶給他們情緒的影響。是不是需要先療癒這些創傷，被教練者才能更好地追求新的人生目標？

 **心教練服務可以不用療癒，這是處在當下的力量。**

什麼是創傷？就像之前我講到的：人是怎麼受傷的（參見第一章第2錄《人是怎麼受傷的》）。人往往是在定義中受傷的。當下發生了一件事情，如果我們對事情的定義、觀點、期待沒有得到及時的釐清，就成為了我們心上的塵埃，有一天又發生了另一件事，這個塵埃又被勾起了，這個塵埃有可能在家人、外人的行為和語言中被勾起。這個勾起如果強烈的話，就成了「受傷」、「受騙」、「受害」，這就成了所謂的創傷，所以每一次的情緒被勾起都是過去塵埃的積累。

什麼是療癒？療癒是拿出過去的創傷來解讀，看看是否可以獲得智慧，讓那個創傷過去。

　　譬如之前這位同學問的，去上課後，感覺自己受騙、受傷了。對受騙、受傷的定義、觀點和期待如何轉化是教練服務的重點！這些誤解如果沒有解開，在這樣的誤解中去看外面的世界，就像是由一面有霧的鏡子看人生，會看不清楚。如果這位同學在當下得到了釐清，這個過去就像翻書一樣，翻過了這一頁，它就過去了。釐清以後，用清明的眼睛去看事件會怎樣？外面的人和事都沒有改變，但是她已沒有干擾，心平氣和、心安理得、神清氣爽。

　　**如果處在當下就可以獲得化解干擾的可能性，人就不需要回到過去療癒。這個當下的智慧就可以轉化過去，過去的問題就會消失，我們將會以這個當下的智慧面向未來。這就是心教練處在當下的力量。**

　　心教練陪伴對方，都是以處在當下的智慧和力量來確認對方的目標，再走出下一步有力的行動。

　　療癒是引導人回到過去盤點，心教練則引導人處在當下。教練自己能夠處在當下，就能夠引導對方處在當下，揮別過去。

　　處在當下不是沒有過去。而是不被過去所有的發生制約，然後設定目標在未來，當下是智慧的洞見。每一刻如果都是做跟目標有關的、正確的行動，到了明天，這個目標就會實現。然後明天你又有一個目標，針對下一週，明天又變成了你的當下。每一天我們只有處在當下，你在每個當下聚焦唯一的行動中，把那個行動聚焦做好：吃飯就只是吃飯，聽課就只是聽課。

♡ 每一天的生命品質都是全心和全新的，當內在品質不一樣，外在績效也就會不一樣。所以處在「當下」是心教練生命的智慧著力點。

所有的創傷、傷心都屬於過去。如果此刻沒有了種種對於過去的認知、觀點和模式，過去就對你沒有干擾。

大家想想，你要在過去下功夫還是在當下下功夫？

過去有可能改變嗎？過去發生的事件已經過去了，不可能改變。如果我們現在自己的觀點、期待、定義改變了，就代表你的過去也改變了。

所以教練聚焦的一直是人們的認知、期待、定義可能發生什麼改變，是這些認知創造了「受傷」，成就了「受傷」的理由。

顧問（Consulting）改變人們的認知（觀點）

諮商（Counseling）改變人們的感知（情緒）

教練（Coaching）改變人們的覺知（心智）

## 2.11　教練為什麼不進入故事

> 我看到老師做教練對話的時候，很少問客戶事件的細節，也不會請客戶說太多故事，而客戶卻很快也獲得了答案，解決了困擾和問題。這和我們平時跟人談話很不同，平時幫朋友排憂解難，肯定要問，發生了什麼呀，你做了什麼啊，為什麼這麼做啊，等等。為什麼教練可以不進入故事，卻解決問題呢？

### ♡ 處在當下的人，心中沒有故事

外在的事件是教練幫不上忙的，教練要避免墜入分析事件，如果大腦被勾起了對故事的好奇，就會偏離教練主題了。

大部分客戶說的問題都是表象，像是海上的浪花。如果他們是看到真的問題，那直接解決就好啦，為什麼解決不了呢？因為他說的很可能不是真的問題。如果在問題的表象上處理，我們就碰觸不到真的問題。

**教練做的是引導客戶看到問題背後的問題，所以教練不會駐足在問題表象，一旦教練能進入深海，就可以看清問題的真相，客戶的問題也會迎刃而解。**

我常說若你的嘴角有一顆飯粒，如果你可以看到那顆飯粒，你要拿掉它會有什麼困難嗎？難的是如果你自己看不到嘴角的飯粒，又沒有人告訴你，你也沒有鏡子，你就會一直攜帶著一個表象的問題行動。

　　**一個問題真的能夠被看清的話就真的能解決，客戶根本不缺解決問題的能力，問題沒有解決很多時候是因為沒有看清問題背後真正的問題，而這正是教練的任務。**

　　所以教練不進入故事。教練會保持聆聽感受，透過感受進入客戶內心的聲音。聽到感受，教練要做即時回應。這個回應可以幫助對方入本心，從大腦思路的能量調頻到心路。如果你回應的是他內心的聲音，對方就會輕易的回到內心，然後就只是單純的問對方有什麼發現。這個回到內心就是致良知的過程，良知就在本心，透過對方對自己的深度聆聽，他就會有真實的看見和發現。

## ♡ 與情緒合一

　　**對於人的感受和情緒，心教練有一套做法，叫做「與情緒的合一」，它非常神奇，如果你能夠全然與情緒合一，你就會輕易的轉念，轉念是教練的工作，很多人做轉念是從念頭中轉，而教練是由心轉。**

　　通常人不容易做到與情緒合一，因為大多數人的生命經驗都是拒絕情緒，排斥情緒或是分析情緒，所以在與情緒合一的過程中，觀點會一直出來。因為情緒的背後是很多的觀點，當你要去完全接受自己情緒的時候，就會有慣性的觀點一直跑出來，會影響甚至打斷你與情緒的合一。

　　如果有一個心教練，他能夠引導你不被觀點干擾，只是深入你的情緒，你就能體驗到與情緒合一的境界。

與情緒合一意味著什麼？意味著那一刻你是沒有觀點的，如果教練可以引導客戶進入沒有觀點的內在空間，思維就有了一片淨土，這是大腦的淨土，這片淨土就是良知。

**在這個狀態中，良知的光會輕易現身，一旦良知現身，就進入到心教練的第二步，當情緒合一，遇見良知。良知就是光，致良知—心即理—知行合一，所以心教練的對話過程正是東方心學落地應用的過程。**

以下的心對話實錄可以展現這個過程：教練不進入故事，帶領客戶跟情緒合一，客戶自己看到問題癥結，獲得自己想要的目標和行動。

W：描述了不久前自己和同事交流過程中遇到的僵局。

EVA：邀請你把眼睛合起來，調整一下呼吸，與自己同在。我想邀請你進入那天發生的那個彼此僵住的時候，去感受你自己，就彷彿這件事情剛剛發生，那個人也在現場，你當時內心有一些感受，你看到自己的表情，你也看到對方有一些心情，現在我們就暫時先進入到我們自己的內在，與自己建立同在，把當時的那個心情，深深的感受，和它待在一起，就好像我們正在那個討論的過程中，然後我們向內看，跟那個感受在一起。

如果可以描述的話，請你說一下，現在那個感受是什麼？在彼此發生的那個當下，你現在經驗到的心情和感受是什麼？（教練做釐清）

那時你覺得你們談的有點僵住的時候，你那個時候的心情是什麼感覺？

W：情緒上比較低落，神情有點不自然。

EVA：當時心裡的心情有什麼感覺？

W：感覺像一團亂麻。

**EVA：亂，感覺心很亂。**

W：是的。

**EVA：好，我們現在就跟這個亂，心很亂，亂亂的，只有亂，去跟那個亂建立同在。感覺亂亂的，心很亂，沒有分析，就是感覺心亂亂的，感受那個亂，經驗那個亂，熟悉那個亂。**

**EVA：如果現在，對方就在面前，在經驗了那個亂之後，你會怎麼跟對方表達你的感受？你可以閉上眼睛，當作在跟對方說，你會怎麼說你的感受？如果在那個當下，你想要表達那個感受，你會怎麼說？**

W：我會說，我現在狀態不太好，這會的狀態不適合去討論這個話題。可不可以稍微停一下，然後換個時間來討論？

**EVA：你會說你現在的心情不適合討論下去，然後就停在那邊，不要勉強再進行下去了。**

W：是的。

**EVA：好的。繼續回到你自己，你已經表達了你的感受，然後繼續回到你自己，看看這個亂，這個感受，會跟你做些什麼對話？**

你對自己有什麼發現？

你跟自己有什麼對話？

在當你完全的跟自己在一起之後。

如果你準備好了，你可以打開眼睛。

EVA：經驗了剛才那個與自己情緒合一的過程，你自己有什麼發現？在進入
　　　那個內在的感受之後⋯⋯

W：我對自己的觀察是，我有我自己那個時間上做事情的安排，但是突然被
　　臨時叫到另外一個事情中，所以我在自己的情景中，就進不去另外一個
　　情景裡，所以就沒有進入到那個對話狀態，也不太願意被牽著走要進入
　　那個事，所以就會有內心的拉鋸在那裡。

EVA：所以剛才的過程，你體驗到一個清晰的能量，你清晰了自己的那個亂
　　　是怎樣發生的，就在這個轉化之間，你發現和覺知到你自己處在怎樣
　　　的思想和情緒當中，然後進入了什麼樣的內在干擾，你有了一個明白
　　　和清晰。

W：是的

EVA：這個發現和明白，在接下來，會給你帶來什麼？未來它還有可能會發
　　　生，在工作中有可能天天重複發生這樣的現象。這個發現和明白，會
　　　給你帶來什麼？

W：我覺得可以事先說明一下，我在這個時間段，我想休息，不想分心，或
　　者就是想做我的事。

這樣的話對方就可以知道，這個時候，他可以安排其他事情，這樣就彼此表明一下，我們現在不適合討論這個事。

**EVA：**你的意思是，在面對這種情況，你會先確認自己現在最想做什麼，你會表達，也許不是馬上去進行那件事，但是你會有一個尊重你自己的感覺，就是跟你自己連結，合一的進行每一段你想要的外面的行動，不管跟誰溝通，你會表達，感覺到其實是可以表達的，然後在一個最好的狀態，準備好的時候去進行每一個溝通。

這是你看到自己在行為上面你有可能的變化。（教練做深層同理和回應）

**W：**是的。

**EVA：**對於這個改變，你的感覺會怎麼樣？

如果我們是處在這樣的狀態去行動，跟自己的內在確定好了，然後去做每一個外面的行動，如果你看到自己每一天是在這樣的狀態中去面對、去迎接每一個行動，你此時此刻會有什麼感覺？

**W：**自如。

**EVA：**自如。

你覺得那是一種自如的狀態。

**W：**嗯，是的。

**EVA：**你很喜歡嗎？

1分到10分，有多喜歡？

W：完全喜歡，呵呵！

EVA：完全喜歡，10分喜歡，你喜歡自己在每一個行動，內在是在那個安定的，確定要的那個狀態，比較自如。

W：嗯，是的。

EVA：要保持這樣的狀態，你需要什麼資源？是否需要什麼幫忙或者支援？還是你自己就可以進行，內在的溝通和外在的表達，讓你自己一直在這種自如的狀態中？

W：我自己應該可以嘗試去做到。

EVA：你自己是OK的。
　　但是可能其他人不知道你的狀態，會可能進入一個要求或者邀請，在那種狀況下，你現在是否可以通過表達，如何讓自己處在安定、安心，讓自己自如，你覺得自己可以嗎？

W：可以。

EVA：所以，你可以讓自己自如，這樣感覺怎麼樣？

W：是的，這樣會感覺很自在，很放鬆。

# 應用教練是領導者的修煉

> 教練沒有自己的目標，教練也不批評、不建議、不分析，完全是支持
> 對方覺察，找到自己的解決方案。這對於領導來說是不是很難做到？
> 領導在工作中是有自己的目標的，而且希望下屬同意、認可，然後去
> 積極行動。領導也有自己的意見、期待，覺得員工還可以更好，也會
> 想要給員工建議啊。那麼，領導要怎麼給下屬做教練呢？

## ♡ 領導者可以用教練練習「抽離」角色

在企業中，領導者做教練的確會碰到角色衝突，解決方案是先清晰自己的
目標和期待，然後暫時放下這些，以無我的狀態去跟員工談。

這樣的好處是談話的時候，自己會感到放鬆、不控制、沒有壓力，隨順對
方。這也會帶來對方的好處，使得談話的過程和結果都很好。如果領導者可
以看透這一點，做到那個狀態，代表領導的內在沒有什麼干擾。不管出來的
結果是什麼，雙方已經建立了更和諧的關係。

最大的干擾是領導者擔心談出來的結果「對於我的影響會是什麼」，而這
個「對我的影響」也只是大腦的認知和判斷。如果我有一個認知，認為「你
如果這樣，就會對我怎麼樣」，所以我就不想要你那樣。然後這個認為就真
的會發生嗎？我們有多少的經驗是：真實發生的和你判斷的完全不同。

　　一般的領導者都用四分之三的時間做教導和指導，如果能用四分之一的時間做輔導（教練），將會使你的團隊幸福感和績效力倍增。

## ♡ 角色的衝突如何整合

　　領導者的角色衝突於公於私都有可能會發生。於公就是有關公司的期待，於私是關於個人的關係。當我們在工作中，跟上、跟下產生密切的接觸，這個過程中由於價值觀、風格等的不同，我們會產生一些自己的判斷和感受。這些感受在一般的關係中不容易打開心說出來，教練過程會是一個機會，讓那些感受在教練過程打開心說出來。

　　如果領導者做到抽離，暫時放下身份和角色，就有可能看見關係可以這樣的開放，我們就有可能見證和體驗到角色的衝突如何整合，這會有助於我們回到工作關係中，團隊的凝聚力和向心力會大大的提升。

　　完整的領導有四導：教導，指導，輔導，督導。我在企業之中做培訓時發現一般的領導者只專攻前二導，而教練就是企業中的輔導，輔導人解決問題而不是指導人解決問題。善用輔導的領導者，才能發展人才，而不是累死自己。企業領導者需要應用教練方式來輔導人才，輔導績效。

## 心教練為什麼快速有效

魏奕

> 我看到Eva 老師跟人對話非常快速有效，有的人幾十年的問題，20分鐘的對話就轉化了。心教練的對話為什麼會這樣快速有效？

### ♡ 離開大腦層面的糾結，直接入心化解問題

心教練不在問題產生的層面解決問題。問題產生通常是因為頭腦中的限制性思維，問題是想出來的。如果在頭腦層面解決問題，看起來一個問題解決了，頭腦立馬會產生出新的問題，一邊解決，一邊創造，人生就在這樣的模式中循環，每天的問題變得沒完沒了，然後演變成時間不夠用，生命不平衡，壓力又太大，原因是總在海面的浪花中掙扎，而不是潛入海底深處，看見那深海中的寧靜與美麗。

如果你曾經試圖給人提建議，想協助他解決他的問題，你很可能碰到這樣的情況：Yes⋯⋯but⋯⋯

比如有人說：「我希望能夠堅持學英語，每天背單詞，但是我堅持不了。」

如果你在這個表相層面設法解決問題，你會問他，為什麼堅持不了呢？如果堅持能得到什麼好處？有沒有試過這樣那樣的方法呢？⋯⋯

於是你會聽到對方說：「是的，我知道學英語很重要，但是我沒有時間」，「是的，看美劇可能對你很有用，但是，對我沒有用，因為……」。頭腦就會用「是的，但是……」不停地製造問題，教練如果跟著問題表層走，就會不停地在原地打轉，陷入到問題的輪迴中，無法跳脫，這就談不上快速有效了。

心教練做的是離開大腦創造問題的層面，直接進入內心化解問題。

舉例最近的一個教練案例：客戶的議題是工作效率。感到時間不夠，事情好像總是停滯、拖延，這讓她很不滿意。如果教練在問題的表面梳理：每天的工作內容是什麼？時間管理怎麼樣？提高工作效率有哪些方法？也許不會有很大作用，很可能會碰到客戶的Yes……but……，因為客戶已經做了很多努力嘗試去改善這些情況。

在心教練的過程中，教練直接引導客戶進入內心對工作的感受、期待和渴望，客戶看見她對工作有一個期待，就是希望它是有序的，有結構的，有形狀的，可以掌握的。而目前的工作非常特別，它有很多的創作性，很多的不確定性，它沒有辦法那麼有結構。因此，當客戶深入看見了自己衝突的真相，從這個真相的發現中，客戶會出現「啊哈」，恍然大悟，然後自己真正對癥下藥的設定了有效的解決方案。

## ♡ 無善無惡心之體

　　教練再請邀客戶用心連結目前的工作，感受它對自己的意義。客戶進入內心，連結到一個全新的工作定義，她看到目前的工作不再只是一件件事情，而是一群人在一起創作的過程，而創作的元素就是團隊中每一個人生命的發生、發展、交織。這片生命的交織裡根本沒有所謂「慢是不好的，停滯是不應該的」這類的好壞對錯，就像森林裡的萬物生長，高低快慢，錯落交織，但都很美，很和諧，很自然。

　　看見這個畫面的時候，客戶說，她之前所擔心的效率低、無序，一下子就不再是問題了，她說這個全新的工作定義給了她非常大的動力和興奮感。她看到所謂「停滯」、「慢下來」、「兜兜轉轉」是這個生命創作的一部分。整個教練過程不到20分鐘，客戶從不滿意、焦慮轉到平靜、喜悅、感恩和行動力的能量。

　　心教練的專業服務之所以快速有效，是因為引導人在良知的層面看見問題的真相，用心轉化了頭腦創造出來的問題，就是這麼輕鬆、快速、有效。

## 2.14 教練是深層關係的建立

企業高管／袁紅霞

> 2007年我通過企業主管培訓，學習GROW模型，首次接觸教練字眼。2014年參加港大進修，打算系統學習教練、成為教練。然而，對於教練是什麼，除了一堆生澀的理論、工具、範式之外，真正入心的內容很少。直至2017年11月首次和心教練邂逅，遇到了直擊我心的真教練，重新點燃了我要成為教練的夢想。

### ♡ 教練是什麼？

　　教練是專業助人者。教練是一面鏡子，幫助對方看見自己，看清自己，從而更好地做自己。教練是一隻火把，照亮對方看清前路，照見當下，從而更篤定地前行。教練可以成為一個職業，每個人都需要教練，就好像每輛車都有後視鏡，掃清盲區，才能安心駕駛。教練可以成為一種狀態，適用於職場的管理者、商場的企業家，同樣適用於家庭的父母、學校的老師、政府的官員。任何期待良好人際關係的你都能從中獲益，成為人生贏家。挑戰在哪裡？教練的關鍵是深層關係的建立。

　　2007年通過企業主管培訓，學習GROW模型，首次接觸教練字眼。2014年參加港大進修，打算系統學習教練、成為教練。然而，對於教練是什麼，除了一堆生澀的理論、工具、範式之外，真正入心的內容很少。直至2017年11月首次和心教練邂逅，遇到了直擊我心的真教練，重新點燃了我要成為教

練的夢想。

　　教練的服務對象是人，而且是有需求、有經驗、有故事的人。人，自然是變化無常，動態發展的，眼前的人，一定不同於昨日相見的人。人的想法，自然是千奇百怪，紛紜雜陳，既跳躍，又糾纏，剪不斷理還亂。從想法到説法，自然也有各種詞不達意，欲言又止的遺憾，常常講了半天，依然是雲裡霧裡不知所云。

　　所以，即便是擁有一個大大的的百寶箱，各式神奇高妙的模型、工具，面對客戶時，也很難進行深入對話，構建信任關係。沒有信任，心與心的溝通、內在的成長、啟發，幾乎無法產生。

　　如何成為對方可依賴、可信任的教練？如何快速構建信任與連結？如何聽到對方真正的聲音、內心的渴望？如何問到對方，好似一道閃電、一擊雷鳴，引導新的發現和成長？如何陪伴對方在風雨中和諧共舞、同頻共振而沒有絲毫的違和？

　　如何做到真教練，在關係的空間裡自如進退？

　　十年的探尋和思索，我還在教練大門之外徘徊。是心教練為我打開了一扇窗，讓我看到光亮。教練要修煉什麼？光亮告訴我，回到內心答案自在其中。教練所有的挑戰，都源於教練自我的不圓滿。就好像是一面塵垢厚積的鏡子如何照見他人？晦澀陰暗的人如何能變成光亮四射的小太陽為他人提供光和熱呢？只有把自己內心的房間打掃乾淨，才能迎接客人的到來，得到客人的歡喜啊。

### ♡ 因為坐在心上,所以聽到心聲。

有人說,人生就是一場修煉。在成為心教練的人生之路上,修煉成為必需,修煉成為日常。通過心教練體系,看到修煉後的教練,本身就是一道光,智慧之光、自在之光,萌生我對修煉的信心和期待。

2018年,我對自己的期許就是成為心教練。在工作中、生活中,在自己的社會角色中活出教練的樣子,讓內心潔淨、輕盈、透亮,迎接每一位客人,共同品味人生歡愉的滋味。

心教練家庭的子女都很有智慧和覺知。

## 2.15　教練為什麼需要修煉

企業高管／羅開軍

> 2017年11月11日，我參加了心教練舉辦的公益活動「醒覺體驗日」，體驗到靜心聆聽和團隊賦能帶來的輕鬆愉悅，第一次隨心繪畫，第一次感受教練的氣場。

### ♡ 動態靜心像工作靜心

經歷了成都三天心教練事業助人體驗班，以及之後與歐陽心教練的遠端體驗，徹底改變了我之前對教練的認識，發現自己的心腦不是在被干擾中就是在醞釀干擾中。第一次在學習過程全程筆記，第一次連續三天的優質睡眠，第一次體驗處在當下，建立同在，用心聆聽，有效提問，覺察制約，化解干擾的強大力量。

接著我去上海參加傳道班的第一次課程，猶如撥雲見日，一張羅盤刻入腦海，西方教練與東方陽明心學合體，看到每一個人在Eva老師的引導下透射出坦誠、釋懷、正念、覺知的光芒。

課程結束後，我開始了每天的修煉：每天早上做動態靜心，看看21天後我會發生什麼變化。這個過程，我目標明確，但不設終點，用動態靜心修身煉心，每天都是全新的，都有美妙的第一次體驗⋯⋯。

如果走進課堂是開始，修煉就是我的堅持。如果醒覺是發現，修煉讓我看到改變。如果教練是為別人，修煉就是修自己，把自己修煉好了，才能推己及人，用生命喚醒生命。

## 2.16 讓生命更加覺知

培訓師／李柯睿

> 其實不止是教練需要修煉，人人都需要修煉。因為人的一生都在「修煉」之中，區別只在於是否有覺知。

### ♡ 教練是一種生活方式和生命狀態

每一天，每一刻，每一個當下，我們都在身體的行住坐臥之中，也都在心智的起心動念之中，都在能量的流動變化之中。都存在著，存在於自我之中，存在於關係之中，存在於天地世界之中。我們都在活著、行著生命的每一個時刻，又一個時刻，又一個時刻。而修行，修煉，也就存在於這所有的時刻，所有當下。修煉，是我們活出覺知的每一個當下。

每一個人，有誰會選擇不想要活出覺知？不想要活在覺知的行動中嗎？

教練的功能是要如同一面鏡子，觀照出客戶的表象與真相：從情緒到思維、從身體到能量，看到這個生命原本的樣子，也讓對方看到自己生命原本的樣子。在東方心教練的十大教練能力中，第一項第二項是「處在當下，建立同在」。這就是指如何讓一位教練如同一面乾淨的鏡子。而在ICF教練十一項能力的第一項：教練狀態。其客觀、中立、好奇等的描述，也是描述了這面鏡子的「樣子」。教練為什麼非常需要修煉？選擇教練這個身份，其實是選擇一種生活的方式和狀態。教練非常需要修煉，因為教練的狀態，

教練的同在，不僅僅是在教練過程的那一個小時裡的狀態。Eva老師説教練看生命的狀態是一個整體，不會因為那一個小時是教練，你就在那一個小時做到了乾淨的鏡子，而其餘時間，你就不是鏡子。如果面對生命你是認真的----那麼做為教練，就是要選擇讓自己的生命變得更加的覺知，變成乾淨的鏡子。如果不是如此，又如何在你面對客戶的時候，能夠作為鏡子如實如是去照見客戶呢？

　如何發展覺知，更好的成為乾淨的鏡子，是教練的修煉，無論是時時勤拂拭，還是本來無一物。

## 心教練是明心見性的鏡子

企業家／宗文琪

> 所有靠物質支撐的幸福感，都不能持久，會隨著物質的離去而離去。只有心靈的淡定寧靜，繼而產生的身心愉悅，才是幸福的真正源泉。

### ♡ 應用自心是生命最好的工具

學習心教練，我一次次體驗到處在當下，保持內心的寧靜，在陪伴的過程中建立同在，幫助對方，也幫助自己，讓自己在這個過程中不斷成長。

我發現「教練」，這個詞與我以往理解到的意義不同。它不只是教人技術，通過考試，達到目的。這個「教練」好像一面心的鏡子，是用愛、用真心在陪伴。在兩個人的溝通中，細微的觀察（對方的話語、眼神、語速語調、肢體語言、表情）、不予干涉和建議，也不予評判，而是耐心陪伴和傾聽，瞭解對方的真實想法，幫助對方理清。

正因為這個「教練」不只是以達成結果為目標，更是一個用心練心的過程，所以需要教練自身不斷的修煉，引領對方實現內在的探索，再從內在到外在的發現和覺察自己。在陪伴對方的過程中，教練唯一使用的工具就是教練自己的這個生命。所以這個生命的進化、修煉是何等重要。

修煉就是讓教練點亮自我，覺知自我的過程。

　　所有靠物質支撐的幸福感，都不能持久，都會隨著物質的離去而離去。只有心靈的淡定寧靜，繼而產生的身心愉悅，才是幸福的真正源泉。這個過程的第一步，也是最重要的一個核心能力就是處在當下，心腦合一，真實感受對方的所想所感。

　　一個真正的教練是既用腦力，更用心力，讓自己在內心的寧靜和平靜中引導對方從他的外在認識到他的內心。

　　作為心教練，修煉的過程是一段學習的漫長路，所以在這個過程中，也可以作為自己的教練，耐心的傾聽和陪伴自己，挖掘自己內心的真實感想，與自己建立友好的關係，學會不被外在干擾和輕易受影響。

## 2-18 回到自心－定靜安慮得

企業家／施成翰

> 「現在外在的人和事比較不會干擾我，不會因為外在的變動讓自己的情緒有很大的波動，能回到自己的心，比較平靜的看待外在發生。」

「現在外在的人和事比較不會干擾我，不會因為外在的變動讓自己的情緒有很大的波動，能回到自己的心，比較平靜的看待外在發生。」

我現在可以接受孩子有情緒，也可以表達自己的感受，簡短表達以後就好了，不再需要更大更強的情緒來壓制孩子，不會讓情緒擴散、惡化。可以尊重孩子的情緒，讓孩子平靜下來。

以往與人溝通，我總是帶著我的預期、假設和期待，希望對方講出我的期待，符合我設定的目標，這樣會因為對方的回應不是我預期的而生氣。現在比較沒有這樣的預設立場，只是聽對方講，或者事先就站在對方的立場想這件事，開放之後的效果反而很好。

「心教練的學習是要回到自己，要在自己的生命上學，才能活學活用。」我參加過一些市面上管理、工具、成長激勵類的課程，那些比較像是外功，而心教練的課程是內功加外功。沒有內功的支持，外功的效果只是短暫的表象。心教練是很獨到的一門學問。它讓人回到自己的心，先看到自己，而不是教我們用一堆方法向外求。

這樣的學習，比如應用靜心觀照等方式，可以陪伴我一輩子，讓我深深的保持自己的安靜、安定和覺知。

第三章

怎麼活——
如何活出組織內趨力

## 回初心、懂人心——組織向心力

3.1

專訪林同棪國際工程諮詢（中國）有限公司總裁／楊進

 **關注自己的內心**

**Q 參加企業心領導力的學習，你印象最深的是什麼？**

楊進：跟我的同伴們在一起六天時間，一起學習、生活和鍛鍊，明顯感覺大家的心力越來越開朗。他們身上的變化也在感染我。

我印象最深的是笑容：大家在學習中開心的笑容，舒展的笑容，是我們創辦公司時的初心，是我想要的狀態，就是大家在這個團隊是開心的，而且在組織有變化的時候，保持開心，保持初心。

**Q 你感到自己最大的變化是什麼？**

楊進：不知不覺中我開始關注自己的內心。我們以前的思維方式，更多會關注的是事，一、二、三、四馬上去辦，至於這個事情背後的人，我們往往會忽略掉。我的變化是回到了人，對人的關注。

**Q 這個轉變對你，對組織的意義是什麼？**

楊進：像我們這種公司，核心還是人。我們有很多理念，但是我覺得最重要的理念是我們初創的時候提出來的八個字：「搭建平臺，共創價值」。這個理念裡面，是如何真正讓每個人的價值在這個平臺裡面體現出來。

這個轉變的關鍵是我們更懂得發現人內心的需求。當公司越來越大，訴求越來越多，我們能不能做減法、除法、抽絲剝繭，回到關注人的內心需求這一點？回到這個價值觀核心，我感到是在成就自我、成就大家的過程中最重要的事情。

## ♡ 能否真正明白別人的心

其實在跟業主，跟政府打交道的時候也是一樣的，我們能不能聽懂業主的訴求，聽懂他的內心的想法，這個很重要。有時候業主抱怨我們沒能達到他們的要求，我們可能沒有真正明白他內在的訴求。我們只是簡單的聽到表面上的要求、命令。他講出來的要求，也不一定想清楚了他自己到底要什麼。我們怎麼來釐清我們的業主，怎麼來建立更好的夥伴關係？關鍵是換位思考。

所以我們現在做的事情，一定要用同理心，換位思考，「我們如果是項目的決策者，我們要怎麼來做這個事情？」而不是說「我是怎樣怎樣」。這樣，效率會非常高，而且在過程中，大家會相視一笑「你懂我」。

「你懂我」就是一種相互的默契、同理心。如果大家能體會到這種感受，這種友情不在於你們認識相處的時間有多少，就在那之間就會建立一種非常深的認同。他就會對你，對你的團隊發自心裡的佩服。我不想把自己當乙方來看。我們跟業主的關係是：我們是幫助他。這也是我的初心。我們最大的價值在於挖掘業主的訴求。

所以這個公司的核心是懂人心。

我們有什麼不一樣？公司有什麼不一樣，取決於我們的人究竟有什麼不一樣。做到懂人心，就是我們跟別的公司最大的不一樣。

## ♡ 關注員工自我的發展

### Q 你如何看待員工離開公司？

員工會離開，對這個事情，我很有同理心。我自己離開原來的公司，以為會被自己的領導批評，不被理解，但是當我提出的時候，老領導只說了一句話：「只要對你自己的發展有益，我都支持。」當時讓我熱淚盈眶。

這個我也用到自己的工作中。員工自我的發展我覺得很重要。所以我在想的是，怎麼對我們員工有價值？人走非常正常。有些人會一直在一起，有些人會離開，有好的風景，可以下車去看看，下一站，我們停站，如果你願意可以再回來。人的發展是曲線。人的自我發展曲線和公司的發展曲線是否可以共鳴？如果沒有共鳴，一定會出現問題。

流失有外因，有內因，內因是什麼？就是我們太關注事，不關注人。總是說「這個事快點，加班弄完」，其實員工也有焦慮，情緒也需要紓解。我們領導團隊對事的關注非常明顯，這種情況下，流失因為不開心，因為碰到挑戰，因為遇到職業的瓶頸。瓶頸怎麼突破？公司、人、國家都一樣，都有自己的發展的「天花板」。這個天花板就是考驗能否真的做到關注人。

## ♡ 企業真的要關注人

### Q 高階領導人是否沒有時間學習？

員工很少來跟我彙報他的心情和心得，都是說「我來彙報工作，順便談談想法」，膽子小的可能還不說了。

　　以前員工來找我，就好像看中醫掛號，一個接著一個，毫不停歇。現在員工來找我，我處理完一件事情，跟員工談之前，會說「給我5分鐘，我喝個茶」我用這5分鐘讓自己歸零。表面上我多用了5分鐘，但員工會發現我更關注他。

　　這樣當我見每個人的時候，我真正可以處在當下。不然大家進來了，我對著你，心思還在另一個地方，這樣就沒有做到知行合一。我覺得我在課程中學到的這種停頓、逗號、休止符，真是重要。

　　參加了第一期心領導力的學習，頂層領導層十六個人的變化我感受到真的很大。**說實話我是第一次感受到大家對學習的投入度這麼高。**這個課程我們全部自己掏了錢，真的是從心上覺得對我有價值。看到大家意氣風發，我真的很開心。我在想，如果用五年時間我們堅持學習，把每個人發自內心的力量都挖掘出來，那力量會有多巨大！

　　我們是中外合資企業，怎麼把國際先進的管理技術，國外的好東西，跟中國的好東西融合在一起，是我一直很看重的。就像教練技術是國外的技術，怎麼在中國的企業人裡面開花結果？需要土壤，這個土壤就是文化，是東方的智慧，比如陽明心學：「心即理，致良知」這樣的東西方融合跟我們企業的匹配度非常高。是我們追求的，雖然還有很長的路要走，我們很高興已經在這條路上了

## 3.2 「五步聆聽」真的很有用

副總裁／陳曉虎

> 記得第一節課的時候，老師問大家的期望，我還比較迷惘。上完第一堂
> 課，已經覺得既對自己內心有衝擊，又有很強的實踐性。有了內外兩個
> 方面動力，想不投入都很難，上完三次課，我覺得這個課可以改變一個
> 人內在趨動力的狀態。

### ♡ 「獨處」真好

我狀態的改變來自兩個方面，一是對自己時間的分配。短暫的獨處時間成為一種享受，這裡的「獨處」其實不是指「一個人」，而是指「不想事兒」。通常發生在早晨剛到辦公室，那麼十五分鐘甚至十分鐘，時間的長短對效果沒太大影響。它促使我分配日常時間的時候去除無益的環節，多一點時間放在關注自己的身心健康上。

二是更願意和同事交流，運用心領導力五步聆聽逐漸熟悉了起來。實際上以往也經常和同事交流，但基本是以解決問題為導向的。最近發現有趣的現象，只要我忍住了，同事們是有很多想法的，只不過之前或者無奈，沒機會講，或者認為自己的想法並不完美。我發現領導者關注結果，還是關注心力，對於提高工作效率和成果皆大相徑庭。

而且這種內在動力的意願還很持續，我很好奇，它會持續多久，什麼時候可以變成了我的習慣、我的舒適區。

## ♡ 「五步聆聽」真的很有用　　　　　　　　　　技術公司總經理／祝龍

參加了東方心教練Eva老師的心領導力課程，我自己的改變是更加關注人，特別是對於人的感受。以前覺得工作面廣、人多、事都很急，經常是別人沒有說完話我就發表自己的意見，甚至有時是把自己意見強加給下屬執行。現在我的溝通方式有一些調整，會在會談的時候運用五步聆聽法。我自己也學會了放鬆，行、住、坐、臥、靜心和「睡大字」對我很有效。

在課程中我印象最深的同學是楊進總裁。我覺得他是運用五步聆聽最好的一個同學。現在我感覺他比以前更加關注下屬的感受，還感覺到他放鬆了很多，覺得他是把學習到的東西活用起來了。

## ♡ 心態有更多的平和　　　　　　　　　　　　　事業部總經理／唐浩峰

我感覺自己的心態有了更多的平和，心更靜了一些，在處理工作時更從容，對待事情的判斷受情緒的干擾少了很多，生活上的狀態也好了很多，沒有那麼急躁，有了放鬆放空的時間，對別人對自己都沒有這麼急。

6天中觸動最深的是直接和老師的那一場對話，會談中觸動最深的是老師對我這個人的關注，心對話中的關注，我深深感受到與平時的對話有很大的不同。

特別希望不要忘記這次培訓。學習環境與實際生活工作環境不同，需要不斷重複、感悟，變成習慣，植入內心。也希望定期有像EVA老師這樣的教練來陪伴和支持；希望公司內部有保溫、持續的活動來強化。學習的知識能記得住，但要養成習慣的話會需要這樣持續的支援。

## 3.3 個人成長與組織發展需要同步

事業部總經理／王明剛

> 參加A+心領導力學習前後，我最大的改變是心態的改變，最直接的是感到心力提升了，與人溝通沒那麼急，自己會先靜下來。
>
> 我把五步聆聽用在了下屬和自己家人身上，很有效。用五步聆聽與愛人和媽媽溝通，原來性格比較急，說話比較直接，會容易讓人傷心，在課程中學習了Eva老師教的方法，比如說讓對方說5分鐘，自己就是聆聽，感到關係真的更好了

### ♡ 保持平和的心態

在跟任何人溝通的時候，現在思考的角度完全不同了。以前我會關注專案的困難，感覺下屬做專案很吃力。現在會關注人，看到做項目的這個人失去了信心，他覺得這件事他做不好。我就感同身受對方的狀態，理解他的心情，引導他，在談話的時候就抓住這個核心，關注人的改變。因為我的這個改變，我看到下屬的心力和能力一下子就會有變化。他會很有動力，很有自覺性，原來的執行力如果是60分，現在自願自覺的執行力可以達到80-90分。

從關注人到關注事的關鍵，是讓自己真正地靜下心來。真正的同理心是聆聽良知，致良知可以達成更好的溝通效果。

這個改變的發生是從自己的改變開始的。隨著我對自己在課程中的學習和體驗越來越認同，看到了這些學習帶來的意義和價值，開始產生行動力，自然而然就會做。最重要的是自己發生了改變，才會影響他人。自己心態發生改變，心平氣和，不管對方說什麼，都可以保持平和的心態，修煉自己的心性。

我發現自己看到和做到是兩件事。看著Eva老師做起來好像很輕鬆，自己做卻很難，尤其是如何能聆聽良知、感同深受，如何有效提問可以激發他人，看到Eva老師從事出發，但在人上深入。

## ♡ 好的提問才是主導進展的關鍵

到了最後一次課程，尤其是我和光勇那段對話演練，Eva老師的督導讓我醍醐灌頂。我作為分享者當時的初衷就是想選擇一個自己感覺不合適的話題來試一試，大家事後的回饋都是說我的問題不合適，Eva老師的提問是「你覺得是提問者在主導談話方向，還是由分享者主導？」，讓我一下子明白好的提問才是主導談話進展的關鍵。

我在課程中感受到Eva老師深厚的功力，感受到一個好的領導者，是指向人的內心，通過聆聽良知可以達成深度交流，建立人與人之間的真誠關係。

我印象最深的同學是李小榮。他只參加了三天課程，已經有了改變。

他是我的直接領導，我對他非常熟悉。平時跟他講話，他很少聽我們講完，總是很快就打斷我們了。他在課程中越來越深入的學習並應用。最後一次課程我和他一組，現場的對話演練，他的風格完全不一樣，不打斷別人了，聽別人講，用啟發式的提問。這對他來說真是變化太大了。

想要這樣的改變不退轉，持續下去，我覺得要不斷的去用。有意識地將所學在生活中貫穿、應用。比如和家人一起去旅行，提升心力，比如創造工作以外的環境定期與下屬溝通，還可以把五步聆聽分享給自己的團隊。還希望我們的領導也能持續學習和運用，能用教練的方式支持我們，穩定和提升。

## 3-4 用心提升心力

副總裁／黃聰

> 在一個星期馬不停蹄的多處出差和紛紛雜雜的各種會議後，我終於回到了內心的港灣——安靜的家中。雖然還是有電話和郵件伴隨著我的週末，但是我可以暫時的安靜下來，聽一遍Eva老師傳給我們這些學員的冥想引導。聽了後，又讓我回想起她在教導我們提升心力的那些印在心上的經歷…。

### 💗 從抗拒到收穫滿滿

坦白的說，公司當時組織這個心領導力的培訓，在最開始的時候，我內心是比較抵觸的。因為本身平時工作就非常忙，工作壓力也大，而且也有內心的焦慮。我感覺自己是沒有6天完整的時間去到課堂，而將工作放在一邊的；而且中間還與我的一個重要家庭活動時間上衝突。但是，負責人力資源的總監找我多次，希望我能夠參加。在她的說服之下，我還是參加了。

在參加之初，我是帶著問號來的。我也暗自希望這個培訓不要浪費我太多的時間。但結果是與預期完全相反，收穫巨大。自己感覺收穫滿滿，我也被Eva老師培訓成了這一期的「網紅學生」，同學們也紛紛表揚我，說我「心力提升很快」。在工作中我也感受了一些變化。我的內心變得更加平靜了，沒有以前那麼焦慮了。

　　Eva老師的確是融合了東西方教練學的精髓，在第一天的第一堂課就和我們都建立了連接。在學習中，老師會經常找我單獨的進行一對一輔導。為同學們做出一些範例和做一些剖析。所以我的感受是非常深的，得到的「心力傳遞」也比其他的同學來得更多，來得更直接。

## ♡ 引導而非指導

　　例如，與Eva老師的第一次一對一的對話，好像老師沒有給我提供任何的指導，像是我作為領導時給別人的那種建議，只是在一段非常自然的對話當中，好像我就發現了關鍵問題，並且自己找到了問題的答案。她的這種引導讓我覺得非常有效和驚喜。這樣的效果，也讓我放下了原來的問號，積極投入到後面的課程中。雖然後面的課程中，我有重要的家庭活動，和重要的業務行程，最終我都調整了，讓這些活動給課程讓步，因為我希望能夠完整地向老師學習。所以心力足以帶給人解決問題的力量我是切身感受到了！

　　Eva老師在課程中也融入了陽明心學的道理。其實作為一個成年人，這些很多都是明白的，只是不知道如何在現實生活當中去應用它，或在工作中又怎麼去結合。

　　在老師引導下，一次次地打坐練心、行-住-坐-臥的練習，包括我們在分組對話練習和老師做的練習總結中，慢慢地我們學會了關注內心，用心去體驗，真正感受了提升心力的強大意義。

Eva老師教了我們五步聆聽法，身體聆聽，重複感受，即時回應，有效提問，深層回應。這都是我們在平時的工作當中，大多數人都沒有做過的。老師提到了內觀，是看自己的內心，還能問心，就是問自己心靈相通的一些問題。並且通過心教練式溝通建立人與人之間深刻的連接。

## ♡ 關注人而非事情

平日煩躁的心情，繁雜的事務，往往讓我們放棄了用心聆聽，更多是想快速地理解問題和給出答案。但是這樣的溝通效果不佳，欲速則不達。回到公司後，我越來越感受到這個用心聆聽的重要性。在對話的時候，我開始更多地去關心對話的人，而不是單純的哪一件事情。我們作為領導者，在工作當中可能最核心的應該是關心人，如果解決了人心的問題，好像其他問題都可以迎刃而解。

如果領導力的源頭是聆聽，聆聽的源頭就是聆聽人心。

參加培訓的同學都是公司的同事，通過共同上課學習練習，一起畫一幅心畫，一起旅行等，在老師的引導下我們共同成長，構築了更加和諧的關係。上課期間，我們在辦公室碰到彼此，最常說的問候語，就是"你的心力提升了嗎？"。

相信每個人心裡的答案都是肯定的。

通過這次培訓學習，我感覺到了自己的一些潛移默化的改變，以前在多種壓力下我會顯得比較急躁，現在我會更加平和地擁抱問題，尋求內心的答

案，或者耐心地幫助其他人去尋找答案。在面對困難挑戰，甚至是危機的時候，有強大內心支持著我去平和地面對。當然，在修心這條路上，我還是一個小學生。還有太多的方面需要我去學習和練習。非常感謝短短幾天的經歷，發現了一個更加具有潛能的自己。

Eva教練回應

心態改變對企業永續發展是至為重要的環節。

企業所有的重要變革，其所推動的程度，關鍵在於人的心智模式與心態的改變。

心領導力是一種讓人潛移默化由內而外的改變力量。

## 3.5 從心而活——組織協作力

科技企業事業部總經理／Serina

> 在企業多年，參加了太多的培訓，現在的企業培訓，太多關於術的傳達，以至於，當我們離開課堂後，發現真正能影響到我們的，實在是少之又少。我相信古人說的「江山易改，本性難移」，認為一個人幾十年形成的思維方式，很難通過短時間的教導改變。

###  一切從心出發，自然找到了內心的答案

但是心教練的學習模式給了我不一樣的體驗。在和Eva老師交流的過程中，我看到的不是術，不是修正，不是建議；而是那個平靜的自己。是一種非常愉悅的體驗，不用思考對錯，不用權衡利弊，不用糾結後果，回歸到本心，最原始的意念，一切從心出發，自然的就找到了內心的答案。

那一刻，彷彿體會到了陽明先生「心即理」的真諦。在我們企業協作過程中，我們經常說結果導向，通過結果去評判效果，去分析決策動機，這無疑是最直接也最高效的協作方式。但很多時候，結果也未必是我們所預期。

當這個時候，就給團隊配合帶來一些挑戰：為什麼結果事與願違？這個人是不是不行？如何能避免類似情況再次發生？如果這樣的狀況多來幾次，團隊成員之間的隔閡逐漸產生，這些都會成為再次合作的干擾因素。如果我們換一個角度，一個團隊，沒有埋怨，沒有責備，沒有隔閡……

## ♡ 用心聆聽

　　如果只保留信任，接受和包容，用心聆聽彼此，深度賦能，也許這並不能保證我們一定就能成功，但是至少，會讓我們在協作的時候，全心全力以赴；面對任何結果，都從容淡定。

　　也許，這就是心教練的魅力，拋開一切干擾因素，駕馭本心，從心而活。

組織協作力是轉動人們的心動加上行動力。

## 3.6 心花朵朵開──組織領導力

美琪教育集團核心高管／沈成彬

> 今年的美琪，真的不一樣，因為她迎來了兩個重量級的人物，王陽明先生和EVA老師，從而跟東方心學和心教練結緣，開啟了一段不同尋常的"心征程"。

　　此前的美琪教育，雖然也不斷前行，不斷追尋著教育的真諦，也不斷探求素質教育的本質，但總如霧裡看花水中望月，美好而不可及。企業文化在牆上，在嘴邊，但就是不在心裡和行動上。員工喊累，教師喊累，管理者心累，尤其是高管，基本是陷於事務之中，面對業績、團隊、人才、企業發展等壓力，腦上著力，身心憔悴。大家幾乎不會去關注自己的那顆心，甚至根本不明白還要去修心、養心。企業的業績雖然增長也不錯，但越來越感覺心力不濟，常會有不堪重負之感。一句話，心力不夠，承載不起啊！

　　自從易總、陳總引進心教練和致良知學習以後，這些狀況不知不覺中在改變。大半年過去後，驀然回首，發現竟然有那麼多的變化，那麼多的不一樣！

## ♡ 談事到談心，溝通更高效

心，是良知之本，教練技術是良知之用。心教練，是有道的技術，有可學而至的道。心教練的學習和練習，讓管理者們的心性有了很大提升，大家做事更用心，溝通更走心。我們明白，人與人要相通，必須心要相通，於是借著五步聆聽、PPDCAA練習，高管們與自己的下屬、同事積極溝通、分享，在真正用心、走心的溝通中，很多平常障礙大家的東西都慢慢散去，大家明白了：其實大家的心和目標是一致的，我們是「命運共同體」，只有你好了，我才能好，我們才能好。

以前溝通就是上級教導下屬，現在是聆聽他們的心聲，是幫助他們化解內心的干擾，幫助釐清內心的需求，並協助其找到或強化其達致的路徑。是用心用情的關注他的成長，由談事到真正的「談心」，溝通就更高效了。在一次次跟夥伴們的心靈碰撞中，我們也更明白了心的重要，心力的重要。心到了，一切都會水到渠成！心力很強大！願力很強大！

## ♡ 放下「我」，用心聆聽別人

心教練，讓我們放下「我」，用心聆聽別人。五步聆聽，就是焦點全在對方身上，以無我的狀態與夥伴建立同在，繼而才能深層聆聽。放下想當然，也放下評判和建議，就只是站在夥伴的立場去關注他，關注他的心。所以我們學會了「真正的聽」，這是多麼重要的能力啊！

　　我們以前聽不到下屬的心聲，聽不到學生及家長「無聲的呼喚」，甚至都聽不到自己的心聲。雖然我們現在還不能完全聽到，但我們有了「聽」的意識，就不會有那麼多的自以為是，就少了指手畫腳的喋喋不休，學會了「靜」，有了靜就會多了一份「定」，有了定就會多一份「覺」的可能！

## ♡ 時時可以自我教練

　　心教練，讓我們每日有一份深入的內省。PPDCAA的練習和運用，讓我受益很多，讓我每日養成了自我檢視，自我覺察的習慣，養成了在事上隨時「check」自己的習慣，達到自我教練的目的。每當自己有情緒，有評判的時候，首先能覺察到，然後知道該怎麼停下來，然後會自己嘗試去看自己、看別人的需求，看自己的心智模式，覺察制約自己的是什麼，然後再嘗試去排除掉干擾，最後確定自己想要的目標和行動。這一份心上用力的方法和技術，對我自己來說，很有用，可以幫助我隨時化解情緒，排除干擾，保持很好的心態，心無旁騖地進行工作，少了很多糾結和內耗，讓自己隨時活在清澈透明的良知狀態，讓自己努力「活出」那一份豁達、容量、高度、格局、踏實和舒展.。

　　感謝心教練，感謝EVA老師，感謝天智老師，感謝易總、陳總，感謝一路陪伴的所有夥伴！

　　短短半年時間，已見「心花朵朵」點綴荒原。修心的路，一輩子，我會永遠在路上！相信一定會「心花怒放」滿庭院。

# 東方陽明心學和組織發展：東方的青色組織

摘自Eva老師在ISODC北京首屆全球高管OD峰會上的分享

3.7

> 今天大家在這裡研究學習型組織。學習型組織成功的關鍵因素是在哪裡？
> 在臺灣我們做過一些調研，我們發現彼得聖吉所研究的學習型組織中
> 「五項修煉」的成功關鍵是心智模式的改變。
> 心智模式是組織發展中團隊最常面臨的挑戰，當個人看不清自己的心智
> 模式，就會在組織中發生一種現象，像是互相抱怨、指責，壓力過大或
> 是部門合作困難，這些問題需要進行心智模式的轉化。

　　然而心智模式是很難改變的。我的臨床經驗，組織中心智模式的改變，非常需要企業教練（coaching），而不只是訓練（training）可以改變的。所以我們提供給組織發展的是訓練＋教練＋修煉（Training＋Coaching＋On job Training）。

　　東方心教練是我們用這個學習體系發展出的一個學習型組織，成效非常卓著。

## ♡ 陽明心學四句精彩的教導跟OD的關係

　　陽明心學中最關鍵的教導是：致良知、心即理，知行合一，還有四句教。

### 第一句教：無善無惡心之體

人人都有一顆本心，本來的那顆心。禪宗談如何回本心，很多人說這個很難，有人學了一輩子還是覺得很難，但本心是無善無惡的。

我們來看看一個組織，如果有一個組織，是不抱怨的組織，你感覺如何？

我們一生會待在兩大組織，你的家庭組織和你的工作組織。每個人都脫離不了這兩個組織。

十年前有一本書在北京出版，叫做《不抱怨的世界》。我在上海做過這本書的讀書會，然後北京《心理月刊》採訪我，出版社請我做這本書的代言人，做了全國巡迴演講，推廣這本書。很多人說，這根本是一個抱怨的世界，怎麼可能不抱怨？很多老闆買了這本書送給員工，希望員工不抱怨。人性有可能通過一本書就不抱怨嗎？不可能。但是從那個時候，我知道了，一個老闆多麼希望他的員工能夠不抱怨。家庭也是一樣。

想想如果你可以處在一個不抱怨的組織，你感覺一下？

**無善無惡心之體，就是不抱怨。不抱怨就是沒有對錯。**抱怨通常是講：是你好、你對，還是我好、我對。是講人會指責、會投訴。如果無善無惡，就成了一個不抱怨的組織，這樣的可能性就經常發生在心教練的coaching的過程中。

**Coaching有三不原則：不建議、不分析、不評判。**如果組織裡面運用coaching，漸漸進入無善無惡的境界、有這樣心態的轉化，這就是無善無惡跟教練的關係。

**運用教練和修煉，可以發展出一個不抱怨的組織。**

### 第二句教：有善有惡意之動

在我們的心中，原本是沒有任何問題的。這個我可以見證。我修習陽明心學之後，我的人生沒有問題。

每天我會聽到很多人的人生問題和煩惱，他們困惑、糾結、壓力很大，修習陽明心學，人生將沒有問題。不是說天不會下雨，老闆不會換人，公司不會倒閉，而是說在這些種種問題中，你的內在沒有問題：沒有煩惱、干擾、糾結，再也沒有壓力。

**人如果有問題是因為什麼呢？是有善有惡意之動。**

我們感到有問題了，不舒服、有困惑、有困難，有壓力都是源於你的意念。如果瞬間是在本心上，就都沒有問題。人一旦開始有問題，是因為開始進入創造問題的意念。意念中有二元對立，就會有是非對錯、有指責、有投訴、有壓力、有困難，有困惑。

**有善有惡意之動就形成了一個人的心智模式，也是「五項修煉」裡面的第三項修煉：心智模式。當內在的心智模式改變，外在的行為模式也改變，一旦個人改變，組織的發展也會改變，績效成果也會改善。**

**這樣就會產生賦能，賦能來自於心智模式的改變。你從很憂慮，到不憂慮，就是賦能，賦能的關鍵是看心智模式能不能改變。學習型組織如果不成功，通常卡在心智模式。**

這是關於有善有惡意之動和心智模式的關聯性。

### 第三句教：知善知惡是良知

關鍵時刻來了。

一旦我們的思維思考帶來了心智模式上的問題，如果想要改善，就需要致良知。這是陽明心學知行合一的關鍵。

**當人進入良知，就會知善知惡，就不會陷入意念困境，不會陷入那些帶來壓力意念，然後你就會離苦得樂。**

那麼致良知是什麼？

史蒂芬柯維在《成功人士的第八個習慣》裡談到了良知。良知怎麼致？柯維說：「通過聆聽你內心的聲音」。

如何聆聽內心的聲音、聆聽良知？這是通過心教練的訓練和修煉可以達到的。我自己也是這樣學會和做到，我確認致良知可以解決所有的問題。

### 第四句教：為善去惡是格物

**如果一個組織中大家都可以進入正念──正念就是為善、去惡──這個組織的願景、文化在這些持續的正念中都可以實現。**

## ♡ 東方心教練是一個東方的青色學習型組織：自動自發，自覺覺他

東方心教練是一個學習型組織，這個組織的名字是「致良知教練家」。這個組織裡的每個人，學習力都非常的強大。這個組織從早上5：30開始晨練，到晚上11：30，每天有很多行動、活動、學習，工作，但是這群人不會覺得累，能量飽滿，電力十足，精神抖擻，覺得人生很有意義，生命很有目標。這樣的組織的學習和行動能力都非常強，正向、積極、努力前進。

**這樣的組織得益於一個整體的生命發展體系。**

在教練家，我們的發展遵循著訓練－教練－修煉。訓練就是學習知道，教練就是學習做到，修煉是明心見性、念念分明。**這些學習在這個組織裡面形成了一個生命整體，是不分離的，也形成了道場能量。**比如說各位聽講座，聽了這一場，又聽了那一場，怎麼把這些吸收變成一個生命整體？你聽了很多的知識點，拿了很多的工具，你要怎麼把它形成整體來應用？

**整體是你這個人，是我們的生命觀，是我們如何懂自己，而不是外面的知識提供者。**你聽過很多老師的講座，唯一沒有變的是你這個在看在聽的人。你吸收了這麼多，你怎麼整合？生命整合是靠你自己，而不是靠老師。

學習型組織裡會形成一個整體性的發展。**在這樣的組織裡面，生命會自然形成一個整體。**它非常符合現代企業對人才的發展需求。現在企業裡充滿了很多壓力挑戰，如果人可以自動轉化，就可以把壓力都化成助力。所以在OD發展裡面，人的內趨力發展是很重要的。

在「致良知 教練家」，我看到這樣的事實：這樣的組織最大的優勢是：這個組織的這群人，沒有誰管理誰，人會自動自發，做事全憑心力。良知會發起內在的驅動力，會在覺知中創造績效，良知知善知惡──大家知道自己做什麼會有良好的結果。

這個覺知會讓人持續對自己有發覺，對別人也有發覺，真的是自覺覺他，在覺行中有良好的自律、自由、自治，以及有良好的自我管理，然後自動自發的發生、發展出好的結果。這所有的「自」，源頭在於「自覺」。

**目前這個組織在做的工作是協助企業發展教練式文化，應用心領導力來提升組織三大內趨力（向心力、協作力、領導力）。在ISODC發展年會上很多專家提到，國際的OD體系來到中國，現在需要本土化，建立在當地的組織發展體系。西方的成功經驗分享完了就帶回去西方。我們留在這裡的有志者，要發展出東方的家庭和組織的成功心智模式。**

## ♡ 致良知教練家的發展體系：學＋做＋修

**「致良知 教練家」有一套發展人和組織的體系，協助東方的家庭和企業發展心性組織和文化。我們運用的模式就是學＋做＋修。**陽明心學說「事上練心」，所以我們事不怕多，每一件事都是回來練「無善無惡心之體」的修煉過程，所以事越多，練習的機會越多，內在的成長和成就越大。

我們所說的成人生命學習是這樣的，是有體系的學習。當我們離開學校，讀了碩士博士之後，我們開始進入組織工作，結婚建立家庭之後，我們開始進入家庭及工作，**這是我們生命中兩大非常有挑戰的組織。可是這個時候，我們的學習變得沒有體系了。我們聽很多的課，可是該怎麼整合？怎麼把所有的學習變成你可以落地應用的過程？**

我2000年來到上海做企業教練，發現在上海的西方人、外地人、臺灣人，很多人離鄉背井來到上海工作，我發現我的學生們壓力之大是驚人的，每個人都身心焦慮。因為公司發展速度要求很快，可是人的心智成長速度沒有那麼快，要接受很多的任務，很多沒做過的任務、沒達成過的目標。回到家，家人就遭殃了，在家也沒辦法放鬆，壓力也很大。所以2000年我開始推動人們內在的學習（Inner Work），直到現在。

關於內在整合的學習，我們一定要有一個自己東方的體系，不然我們沒有辦法整合與實踐，因為很多西方的理論與經驗引進大陸卻往往無法落地。

**關於改變：組織的改變和個人的改變息息相關。個人如何改變，跟學習模式的改變很有關係。如果我們的學習模式一直是片段式的，沒有整合及應用，問題是沒有辦法真正被化解的。**

「致良知 教練家」這個東方的青色組織發展出了一套完整的體系和做法，不管是應用在家庭還是工作組織中，都會讓人很有生命力，在這個組織裏面的這群人從早上到晚上，都很有生命動力。

這個組織裡的人在學習、工作、家庭形成了一個整體觀：家庭是學習、上課是學習、工作也是學習。這是學習型組織的特性。所有工作中的發生，如果都把它當成學習會怎樣？有一句話説「你不是得到，就是學到」──目標沒有達成，你可能覺得很失敗，很失落，但是如果你有從中學到呢？如果工作中所有的發生發展你都可以學到，如果家庭裡所有的衝突問題你都可以學到，如果你有學到，對你的人生意義是什麼？。學到不止是聽到，學到是做到。陽明心學説知行合一。知跟行是一件事。如果你真的知道了，你會做到。如果你沒有做到，就不叫知道。

在心教練的學習型組織裡，面對客戶是學習、面對伴侶、面對父母，面對自己，都是學習。這個組織裡每個人的心態都是以學習為出發點，所有的發生都是學習的教材。在學習中，只是看你學到了，還是沒學到。也就是看你做到了，還是沒做到。

## ♡ 我們做到了什麼？~天天致良知

組織領導者常感嘆人的改變很難，是的！改變不容易，所有人的真正改變是來自於心智模式的改變。不能改變，是因為心智模式不改變。心智模式的改變是一個很深的蛻變，這個改變是由內而外的，不會是因為外面的認知，或者看一本書就改變，而是由你的內心改變。

為什麼在這個組織裡，每一個人的生命，天天都在改變？

我上個月看到一個學生兩年前的照片，跟她現在的整個面相都不一樣了，相由心生。現在她的能量是自由、自在、自信、自我肯定和自我尊重。她在線上學習的時候，兩個小孩在旁邊很吵，我聽到她的安定、穩定。我們有時候被干擾，脾氣就來了，因為我們想要做自己的事，孩子不讓你做。她身上看不到那種氣急敗壞。可以看到是良知在每個人身上、生命中的綻放。

**新／心的生命是什麼？是把心學活出來的生命。**

**心生態是什麼？生存、生活、生命。**有人說生存的問題解決了，才談生活的品質。生活品質提高了，才談生命和使命的意義。**我們在這裡建立的是一個新的生態，是一個生命的整合。沒有生存、生活、生命分離的問題。每一天都是合一的、是完整的。**我們本來就沒有跟生命、生活、生存分開，是我們的認知「有善有惡意之動」在分別。生命本身沒有分離，活著就是一個整體。一個人這樣活，是個體，一群人這樣活，是整體。

這個組織的每個人都很清楚真正的改變是心智模式的改變，是心腦合一的改變，是知行合一的改變。這群人每天都在面對自己心智模式的改變，每個人都從自己思維的淨化開始。生活中有很多煩惱壓力的能量，就像天天洗澡一樣需要每天淨化。

在這個組織裏我們落實陽明心學，東方心教練的核心技術是陽明心學的「致良知」。究竟如何讓人沒有壓力，發揮潛力？這個核心技術就是致良知。「致良知 教練家」的這群人從自己個人的淨化，進入到心智模式的轉化，然後在做教練、做教練型導師，在自己的角色和任務中天天轉化和進化。

組織的進步來自於個人的成長，如果你的家庭和工作組織，無論是家人或是團隊成員你每天都看到他們在進步，這樣的組織，你感覺如何？

雖然這個組織還很年輕，但是這些生命日日蛻變的實踐已經發生，每個人不只是用能力更是用心力來做事，事上練心，傳道、授業和解惑。**這是東方第一個體系化的教練組織，這是一個專業助人、助人專業的體系，有教練、有修煉、有督導。**

我之所以耗時多年發展專業體系，是因為陽明心學也不是靠上課就會，需要有事上練心。教練學員如果也只是去上課，上完課學習就結束了，這是訓練不是教練。

教練型組織的使命是要發展教練文化，

**讓人人有教練，家家有教練。**
**讓每個專業教練都能有事業和志業。**
**讓每個企業都能有培育人才的體系。**

第四章

我們就這樣活出了自己

# 知行合一的人生

魏奕

> **穩定的業務量，穩定的客戶，按理說我沒有理由不滿意目前的工作，然而我聽從心的聲音，我在找一幅完整的生命成長地圖，一條知行合一的人生道路……**

2015年的時候，我心裏經常升起這個問題：「我在教的究竟是什麼？」

那是我自己的培訓顧問公司創辦的第五年。穩定的業務量，穩定的客戶，穩定增加的市場知名度，是擴大規模的好時候。我在公司負責研發產品、培養老師、講授課程。這個問題來的有點不合時宜。

培養出更多好的領導：這幾乎是中國大陸每一家公司的迫切需要。每年我會有機會去到十幾家不同的企業，量身訂製培訓方案，幫助他們培養領導者。那年我做培訓工作已經十五年，幾乎所有的客戶都會重複採購我的課程，這意味著我被市場認可和接受，為什麼我會問「我在教什麼？」沒道理。而且，也沒有人能給我答案。

♡ **我問自己，究竟有什麼是我想要的，而目前的工作方式無法做到？**

參加我培訓的人通常都是一家公司的中流砥柱，非常忙碌，極其勤奮，都獲得了很高的成就，但是，他們中的大多數人都不快樂。

**我總是忍不住想：「一個企業裏的人有沒有可能在追求工作成就的同時也是幸福的？我在教的，能帶來這樣的幸福嗎？」**

**另一個聲音説：「這是你需要關心的嗎？企業會為幸福買單嗎？」**

2016年初，我來到了東方心教練的傳道班。

大腦説：「我要學習教練技術，讓我的培訓更加深入有效」

而我的心在指引：「來這裡會找到我想要的答案。」

在第一次課程，當Eva老師讓我們每個人分享學習的期待和渴望時，我的兩個內在聲音就合一了：「是的，為什麼不呢，我想要的就是看到企業裏的人擁有"幸福的成功"。」當我聽到Eva老師説，這就是她多年來在企業中實踐和實現的，我非常驚喜。原來並不是只有我一個人這麼「理想主義」。但是，這應該很難吧？Eva老師問我：「難不難，做了才知道。關鍵是你想不想呢？」

**是的，我很想。每次看到企業人不僅辛苦，而且心苦，外在做了那麼多，內在卻心力交瘁，衝突不斷，茫然迷失，我都覺得無法釋懷。**

我的客戶有不少是企業的人力資源高管，很多人都會考慮積累一定的經驗和財富以後，離開企業做自由職業的顧問，實現他們在企業裡無法實現的自我價值。

人在組織裏有沒有可能不分裂、活出真實、完整的自己？什麼樣的組織可以讓人這樣？「一定有這種完全不同的活法。」這是我內心的聲音。但是究竟要怎麼做呢？

「有心就有路。」每次想到Eva老師的這句話都覺得有一股堅定、安心的力量注入心田。

♡ **三年在東方心教練的學習和探索，我走上了這條路，它叫做「做出來、活出來」。**

心教練本身就是一個組織，在這個組織裏，一群人因為學習教練，個人生命有了蛻變，活出了自己，生命不斷地成長、進化和綻放，繼而形成了組織。這個組織的文化就是教練文化：不斷學習、不斷成長，透過做教練讓生命不斷轉化、淨化和進化。因為每個生命的進化，組織也在持續不斷的進化中。個人和組織在這裡合一了。

我很高興用自己的生命發展聞、思、修、證這個過程，它完全改變了我對成人學習、生命發展的看法。以前做領導力培訓，會把人的改變當成一個工程，把人的能力切割成一個個的模塊和片段去設計和規劃。雖然也是在做人的工作，其實是把人當成「事情」來engineer的。

**人的外在成就如果沒有內在成長做支撐，就會成為空中樓閣。組織的成長如果沒有完整的人才發展來做支撐，終究也會是曇花一現。**

♡ **我終於明白了自己一直在尋找的是一幅完整的生命成長地圖。**

順著「心路」，我走到了這條「新路」上。我找到了工作真正的意義和價值，就是影響更多的人聆聽自己的內心，把心活出來──這是我願意用一生去教的。還有什麼比知行合一的人生，更大的幸福和成就呢？

## 42 心教練是東方教練之道

黃喬伊

> 源自於2010年7月與EVA老師會面，我放下擁有20年的工作經歷，走上心教練，活出教練狀態，走出自己的道。

###  困惑，困擾

那一年我是個專業經理人，擁有20年的工作經歷，在一家外資公司負責電子商務部門，當時的我生活上有著嚴重的困擾，生命的期待與實況總是分裂，甚至已經開始影響我的工作，鑑於此狀況，我的老闆介紹了她的教練Eva老師給我認識。

還記得那次的會面，我們提到合一這個主題，尤其是如何與自己合一這個部分，老師也覺察到我內在能量的不穩定，這些都是困擾我多年的問題，為了讓自己化解這干擾，於是我決定請Eva老師擔任我的教練。

由於對教練過程的不熟悉，我第一次教練的時候頗有忐忑，還好Eva老師的那份自在很快就讓我安定，也透過一小段靜心帶我進入內在的放鬆，順利的開展了教練會談。

**在那次的教練結束時，老師給了我一個覺察自我情緒的功課，當時我還不知道這個功課對我的幫助有多大，隔了多年後，我才明白它為我未來的道路打下了重要的基石。**

## ♡ 覺醒，出發，教練的路

在每次的會談中，我們一起走過工作、團隊、家庭、情感、人生理想等課題。透過Eva老師穩定而且貼著我內心感受的提問，我清晰的看見我的困擾來源和潛藏的制約，也看見了心中的目標與期待，看見了許多可調用的資源和支援，一次次的行動方案，使我逐漸化解干擾，解除制約，讓我走上了全新的生命狀態。

在經歷了一段時間的教練歷程，我除了在工作上獲得了滿意的成績，心情也邁入平靜穩定的階段，內在能量不再有起伏不可控的干擾，完全達到了當初教練合約的目標。

至此，**我內心開始有個聲音開始冒出來：「我要跨出舒適圈，要極大化發揮自我價值，擔任助人者，讓社會更美好」**，而成為教練，正是可以讓我活出那些屬於我的生命關鍵字：「無私、分享、培育」，於是我帶著清晰的覺知，勇敢的跨出腳步，離開外資企業，邁向成為教練的道路，而Eva老師的東方心教練體系，就是我學習教練的不二之選。

## ♡ 原來不是所有的教練都走心

在開始學習教練前，我沒接觸過EVA老師以外的教練，對於教練的派別也不清楚，直到在課程中，才接觸到了其它教練流派的學員，很巧的，我與他配對進行教練對話練習，對方擔任教練的角色，我擔任被教練者，那一次對話，我強烈的感受到對方的頭腦和意志，可以看見他不斷的找方法，要引導我進入某個想法當中，但那並不是我心中想要的，於是我們在對話中，明顯無法同步，各自在各自的頭腦中工作，當然那次的教練對話，就以失敗告終。

練習結束後，我和EVA老師請益，才知道教練流派眾多，各自有各自的技術，有些流派的初學者，容易落入以思維頭腦主導教練過程的模式，而不是順著心流互動，這樣就容易發生與被教練者沒有連結，從而發生我經歷的，雙方不同步的狀況

有了這次寶貴的經驗後，我了解了教練放下思維的重要，此後的教練練習，我盡量感知當下，與被教練者保持連結，以覺察代替觀察，保持那份覺知，教練過程對我來説，漸漸變得輕鬆。

## ♡ 心教練就是教練的道

在學習教練的過程中，我十分贊同老師的一句話：「Be a Coach，Find a Coach.」我很幸運的曾擔任EVA老師的被教練者，每一次的教練對話過程，都潛移默化的讓我了解教練這個角色與功能，也讓我清楚教練適時的一句提問，對於被教練者的醍醐灌頂，可以瞬間化解被教練者的干擾狀態。這段被教練者的經驗，也加速了我教練學習的腳步。

此時與其它教練接觸的機會變得更多，在心教練課程中、在教練聚會中、在大師分享的沙龍中，我突然發現了一個現象，有許多其他流派的教練也上過心教練課程，而且很多都是拿到國際教練認證後，才來學習心教練，好奇的我，私下問了這些朋友，既然你已經是認證教練了，為何還要來學習心教練？

**答案其實很淺而易見，就是他們在實務中，需要心教練，不是需要她的技術，其它教練派別的教練技術，已經足夠成熟，發展也很完整，但是教練畢竟是人與人之間的心智工作，技術層面之外，還需要些更底層的部分。這個底層部分，我認為就是教練的道，也是其它教練來取經的部分。**

就像著名的醫學家奧斯勒在《生活之道》中寫道：「行醫是一種藝術而非交易，是一種使命而非行業」。在這個使命當中，用心要如同用腦。把這段話中的「行醫」更換為「教練」，其實也同樣適用：「教練是一種藝術而非交易，是一種使命而非行業。在這個使命中，用心要如同用腦。」

♡ **一個新發現：原來心教練不只是教練之道**

在學習教練後，我開始踏上實踐的道路，這條道路對於每個想要成為專業教練的人來說，都是嚴格的考驗，它沒有標準的道路，它有著各種的可能性，必須在現實與理想平衡的狀態中，找到一個支點，方可一步步踏上教練之路。

**在探詢各種可能性的同時，我有了新的感悟：心教練不只是教練的道，它更是一個內核，可以融合在不同的系統當中，就像是東方的太極智慧，達到昇華該系統的效果，就像它可以融合企業領導管理，形成心教練式領導系統，或是融合到親子關係，形成親子心教練系統。**

而哪條道路是屬於我的道呢？

## ♡ 活出教練狀態，走出自己的道

就在這個時間點，我感悟到了OH卡與心教練融合的力量，從此歐卡╳教練這個系統就出現了。以人本主義潛意識圖卡的技術，融合心教練的道，完全沒有排斥的完美搭配，透過潛意識圖卡的快速切入，高彈性、視覺潛意識發掘能力，融合東方心教練精神，產出了最早版本的歐卡教練。

**接下來的日子，就是修煉，讓自己能活出自己的教練狀態，就像看紀錄片一樣，看著自己每天的生命，憂歡成敗都是流動的發生，每天專注在手上的事，接下來呢？只需看著它發生就好。就像種蘿蔔，撒下種子、鬆土、澆水、除草，剩下的都與我無關，蘿蔔發芽成長，都是自然的發生，我能做的只是觀察。**

回首這段時光，是一段充滿奇蹟的階段，懷抱著那份相信，我逐步前行，感謝在過程中陪伴及促成的各種力量，讓一切的發生都變得那麼自然，我成為了教練，傳授相關技術給許多有熱情的助人者，出版了OH卡教練書籍，也啟動了多個城市的教練中心。

這一切，都是源自於2010年7月與EVA老師的首次會面，心教練改變了我的生命，讓我掌握了生命的主控權。感恩！

## 43　孩子的成熟來自父母的成長

何芸

> 深夜，看到兩個小天使睡在我的身邊，我的心裡充滿著溫暖和感恩。感恩他們的到來，開啟了我走向成長的道路，引領我一路回「心家」……

### ♡ 我把心丟了

2012年1月，當大寶來到我的身邊，我發誓要做「全世界最好的媽媽」，給他無條件的愛與自由，希望他成為完整的自己。我讀了很多有關親子教育、心理的書，希望自己可以做好。我犧牲了所有的業餘時間陪伴他，控制自己的情緒從不在孩子面前發火，耐心照顧他所有的起居飲食，在我的眼裡只有孩子。由於養育的觀點不同，我和媽媽矛盾頻出；為了陪伴孩子，我漸漸失去了和朋友們的聯繫；我很累，可是覺得這些都是為了孩子。我把所有的愛給了孩子，把我的累、委屈、指責給了媽媽和老公。這一切，我當時認為都是為了孩子！

### ♡ 三次心教練、心對話，讓我走上全然的生命成長之路

在公司組織的一次教練沙龍中，我遇到了Eva老師，第一次體驗教練對話。記得自己在教練過程中淚流滿面，在同事面前不能自已，完全沒辦法顧及形象，那時的我不知道這就是「心對話」。

**我已經好久沒有照顧我的「心」了，那次教練，我看到了自己是多麼委屈、傷心，這是我與心教練的第一次對話。**

2013年7月我意外的懷上了小寶。我當時感覺自己身處「關係」的漩渦，大寶才1歲半，我幾乎沒有時間跟老公交流，跟媽媽早已是「新傷舊恨」，很難和平相處，我連自己都沒辦法照顧，能照顧好兩個寶寶嗎？家裡和身邊的人對小寶的到來也沒有太多欣喜，可我捨不得切斷和這個小生命的緣分，我很矛盾。

正在糾結在「要與不要」的時候，Eva老師又來我們公司開了一次教練沙龍，我毫不猶豫地參加了。那天我們在靜心中，我閉上眼，聽著大自然的聲音，跟自己的內心有了一次很深的連結。

**當我再次睜開眼睛時，我豁然開朗：我連接到我體內那個小生命的心臟無比堅強的跳動，我感受到她是那麼真實的存在，我感受到原來我是那麼欣喜地期盼她的到來，於是在那個當下我就堅定的做出了選擇：「我要好好迎接她的到來」。這是我與心教練的第二次對話。這一次，我清晰的聽到了自己的心聲。**

接下來，我用了整整一年的時間做了辭職的決定。我忍受不了上班時的那份內疚，焦慮孩子們沒有我會怎樣。我認為做為媽媽，我就需要全身心的陪伴兩個寶貝，我認為家庭與工作沒辦法很好的平衡，我認為孩子交給媽媽就會複製我的成長，種種認為和放不下，讓我終於選擇回歸家庭。

當我終於不上班了，卻發現內心的掙扎沒有停止。「究竟要如何找到內心的平靜？我究竟是誰？」我渴望更多地瞭解自己，直覺是那會讓我知道應該怎麼做。辭職後的半年，我的忙碌跟上班時一樣，忙著上各種課程，薩提亞、情緒管理等等，我覺得有幫助的課就去上。

**我與心教練的第三次對話發生在2015年的9月13日。這次跟Eva老師的對話，我有一個重要的發現：我想要成為一名心教練，心教練開啟了我對自己的探索，在心教練身上我看到了我內心渴望的：愛、自由、尊重，跟人的連結和助人的力量。**

## ♡ 跟隨內心，探索真我

當清晰了自己想要成為心教練後，我便走上了學習之路，在心教練的學習體系中不斷前進。

我認識了「覺察」，當我開始覺察內心，很快就看見自己情緒背後的種種想法，我的大腦是如何工作，如何製造了我的委屈、害怕、恐懼……。

我發現了心智模式對我的人生有非常大的影響。在情緒思維的慣性下，我不斷重複同樣的人生模式，雖然外境發生的事情不同，卻總在同樣的漩渦裡打轉。

在心教練學習中，我也開始理解對媽媽的指責和埋怨來自於我的一個觀點——「強勢的人是不尊重人的」。媽媽天生強勢，這個觀點讓我無法認真聆聽她，甚至誤解她，不知怎麼和她相處。兩個寶貝到來後，我不得不請媽

媽幫忙照顧，而我心裡一直深深的擔心著，擔心我的孩子也會深受其害，這些擔心恐懼讓我和她每天因為孩子養育的問題戰火連天，關係降到了冰點。

是在心教練的課堂中，我開始看見自己對媽媽的偏見。當天回家後，我第一次沒有因為她委屈和生氣，雖然她在埋怨我下課回來晚了，埋怨我不顧孩子出去上課。我只是去感受這些話背後她的擔心和焦慮，用心去聽，沒有解釋和對抗。

**課程第四天的早上，當我又準備出門上課時，她突然對我說：「媽媽昨天晚上不是在罵你，你不要怪媽媽啊」，我愣住了：「發生了什麼？！」」在我三十多年的生命中，這是第一次媽媽對我道歉，那麼溫柔的話語和關懷。我忍住淚，輕輕地回答「我知道」，讓媽媽那份深深的愛沁入我的心中。**

心教練的學習中，總有很多的發現和收穫，它們都是我最寶貴的人生禮物，我感恩自己從沒有放棄成長，也感恩上天不斷給我成長的機會，我知道，我已經走上了回「心家」的路。

## ♡ 蛻變轉型，人生不斷進化

為了成為一名真正的教練，我參加了心教練專業教練的體系課程。參加21天的體系課程對我的挑戰很大，每個月有三、四天的時間要與兩個寶寶分離。媽媽和老公會支持我學習嗎？他們會照顧好兩個寶貝嗎？我不在的時候孩子會好嗎？很多的擔心、不安、內疚，可是我不想失去這個機會，不想失去能更深的看見自己和改變自己的可能性，終於，我拋下了一切「可不可以、能不能」，開始行動。

實際的學習過程中，我一次都沒有因為家裡的問題無法成行，包括去峇里島遊學一星期，家裡也並沒有發生頭腦想像的種種問題。我真的體會到，問題都是頭腦想出來的。當下一切都很好。

**我的人生進入了不斷的進化和蛻變。我轉化了「自我否定」的模式、聽見了我的人生背景音樂「我做不到」，從一個不自信，擔心未來、束手束腳的小女孩，慢慢地變成了充滿力量、敢想敢做的「小獅子」。**

我越來越喜歡這個真實的自己，能夠跟隨內心，真實地表達。不管過去發生了什麼讓我變成現在的我，不管未來會發生什麼完全未知，我只是帶著覺知去活好每一個當下，去經驗各種發生，就在這些經歷中成為更好的自己。

在這條學習成長的道路上，我跟老公的互動和相處也一直經歷著改變。過去我經常埋怨他木訥、不會體恤我的感受，感到他什麼都不懂、一點也不瞭解我要什麼。而現在我明白了，是我自己對情感有非常強烈的需求，當他不能滿足我對情感的需要時，我就責怪他不理解我。我希望他可以說出「我知道你很難受」，我希望他作為我最親密的人可以滿足我，可是我的情感需求真的需要別人來滿足嗎？當我和自己的心連接時，我感受到來自內在的滿足，來自自己的愛。

**當我帶著這份滿足和愛和老公相處時，我驚訝的發現了他的細心體貼。我不擅長料理家務和照顧自己，我總會發現碗被洗了、小寶的奶瓶消毒好了、浴室地面的水漬被擦得很乾淨、我的手機在我以為沒有電的時候早就被充滿了電，出門的時候總有車等著送我，原來我是如此幸福地被愛著、寵著。**

在和兩個寶貝相處的過程中，我更能感受到自己的變化。少了原先的擔心和焦慮，多了「覺知」。我能敏銳地連接到孩子們的感受，理解他們的心情和需要。有一天我聽到小寶半夜囈語：「妹妹太小了，妹妹不會做」，我突然發現，她每次模仿哥哥的行為，但是力所不及的時候，她的身邊總有好心的聲音解圍說：「妹妹太小了，不會做」，於是她的頭腦裡被植入了一個「做不到」的信念。

有一天，她跨不過哥哥能跨過的樓梯，又對我說：「妹妹太小了，不會做」。我微笑的看著她的眼睛說「妹妹很棒，很能幹！妹妹會做的事情可多了。妹妹會自己刷牙，會自己上廁所、自己穿鞋子、自己脫衣服，會跳的很高，你看，你會做的事情真多啊！」妹妹聽著，開心的笑了，露出了自豪的表情。

**那一刻我真的感恩自己學習過心智模式，理解心智模式在人一生中的影響，經驗了自己在心智模式上的轉化是何等的不易。如果父母能夠帶著覺知去幫助孩子建立積極正面的心智模式，轉化限制性的信念，那這對他們日後的成長是多大的助力。**

在所有的這些關係中，我漸漸地越來越接近生命的真相。不管是作為媽媽、女兒、妻子、教練任何一個角色，所有的真相是回到自己，回到心。當我坐在心上，就會帶著一份愛與尊重，去瞭解另外一個生命正在經歷著什麼。我不再陷入指責、評判，會用心去傾聽他、瞭解他，理解和回應他的感受，看見他的期待和渴望，並去支援和滿足他的需要。在這兩年中，我不再因為媽媽的情緒而勾起自己的情緒，會聽到她背後的愛與支持而心懷感恩；

我不再埋怨和指責先生，而會看到自己未被滿足的期待和渴望並支持自己；我不再陷入教育理念的焦慮和恐懼中，不再評判自己和要求孩子，而會帶著愛和尊重去陪伴和引導另外一個生命。

**這些領悟不是我從任何書本上看到的或聽到的，是我在生命的經歷和成長過程中自己親身體驗和證悟的過程，是最彌足珍貴的。這些領悟成為我的真知，在真知中我能夠知行合一，生命的蛻變已經發生。**

感恩生命裡一切的發生，所有的人，所有的事，它們就像是一個打了很多層包裝紙的禮物，當我們帶著一份好奇和感恩的心打開一層又一層的外殼，會欣喜地發現老天是要送我們多麼珍貴的禮物！感恩遇見Eva老師，感恩所有心教練的夥伴們，在這個沒有評判、愛與自由的心家園中，我找到了那條回心家的路！

## 心教練，用生命影響生命

蘇海霞

> 經常緊張不安，情緒不良，困擾著自己也影響著孩子和家人，我渴望能夠撥雲見日，找到出路，直到遇見Eva老師她教我「問心」，一切有了大轉機……

### ♡ 「破」不了的不良迴圈

2014年之前的11年裡，我在一家中韓合資企業任職，有豐厚的收入，優越的待遇、領導賞識、同事尊敬。生活中，有誠心幫我的父母公婆、有誠意愛我的先生兒女。然而，我的情緒經常如履薄冰，原本急躁的性格，在忙碌的工作與生活中越發不穩定，經常因為一點小事情緒爆發，於是後悔、道歉、再爆發，進入一個「破」不了的不良迴圈。

我聽過心理諮詢講座，看過情緒管理書籍，短時間內似乎有些幫助，但總感覺治標不治本。2014年4月，在先生的鼎力支持下，我做了一個決定—離開職場，回歸家庭。離開職場，離開了外在的壓力環境。回歸家庭，回到了一個身心可以舒展，情緒可以放緩的佳境。隨心所欲地支配自己的時間，從容不迫地安排自己的生活，參與孩子的快樂成長，享受家人的親密相伴，讓我的情緒得以調整，心靈得以療癒。

在經歷了兩年平坦無憂的生活後，新的煩惱與恐懼又滋生了。我常常為孩子的將來而擔憂，為如何教育孩子而迷茫，為自己是否繼續工作而糾結；我經常緊張不安，我的不良情緒也影響著孩子和家人，我是那麼渴望能夠撥雲見日，有人可以指點迷津。

　　「是什麼原因讓自己的情緒不能自控？怎樣能持續、有效地調整自己？解決的方法是什麼？我需要解惑，但路在何方？」

## ♡ 持續“靜心”，原來內心才是真正的“靠山”

　　2016年6月，就在我混亂迷茫，急需解惑之際，心教練在對的時間、對的地點來到我的身邊，進入我的生命。

　　和Eva老師體驗「止語」，讓我領悟到自己強大的內心才是我可以依靠的「山」，才是讓問題得以解開的「刃」，才是我迷途的燈塔，自控的開關。而動態靜心的練習是讓自己的強大內心發揮作用的最佳方式。

　　靜心，讓塵封已久的內在覺知顯現，並漸漸擴大，覺知的聆聽帶來真相，發現內因，因頭腦的「認為」而引發的內在制約被發現，我越來越能接納、面對外在的人和事，開始享受靜心帶給自己的平和、愉快，收穫靜心帶給自己的改變：

**與孩子的溝通由「你應該」變成了「你覺得」；**

### Eva老師教導的內在五步修煉

1.「空-鬆-定-靜-覺」　　　　　　　　2.讓自己「空」（不評判，不認為）

3.讓自己「鬆」（放鬆身體和內心）　4.讓自己「定」（感受當下，行住坐臥）

5.讓自己「靜」（進入內在寂靜的能量場）

由「你必須」變成了「我建議」；

由「我想讓你」變成了「你想如何」。

這時「覺」從內在慢慢升騰，覺察力讓我感受「心」對孩子的每個行為、每個決定都可以接納，從「心」出發，我做到了和孩子一起放下情緒，解決問題。生活中「不接受」的部分漸漸減少，「接受」的部分漸漸增多。很多問題找到了解決方案，很多對立找到了和解辦法，很多停滯找到了前進的路。之前的迷惑、恐懼漸行漸遠，生活品質大大改變了。

## ♡ 有心就有路，我找到了那路

因為一個「檢驗」我學習成果的事件，讓我更加確信無疑Eva老師說過的：

「有心就有路」。

心教練體驗課結束一周後的6月25日，我收到Eva老師在北京授課的消息，好心動，好想再次參與心教練對生命的探索，好想繼續感受走在海闊天空的「心路」上。

但現實情況給了我一個不小的打擊：公公下週一要做手術、婆婆膝蓋骨骨裂還在恢復期、兩個年幼的孩子上課需要接送、先生不知道會不會支持，這其中的任何一個理由都足以讓我放棄這次機會。

這時，我靜下心，用心聆聽自己，依然是肯定的聲音「是的，我想去北京」。

接下來我運用各方的資源，逐一去化解每一個障礙。我請媽媽幫忙接送孩

子、照顧婆婆，得到了媽媽的支持；我和孩子們解釋外婆接送他們的原因是媽媽計畫去北京上課，得到孩子們的支持；我給婆婆做了解釋，得到婆婆的支持；最後我和先生通電話，說明之前所有的安排及溝通結果，先生的回答讓我現在想起來還淚光閃爍：「安排的真好，去上課吧，我給你訂車票。」

上天真的支持所有的真心誠意！

**6月27日，北京，心教練課堂上，我安定地坐在那裡覺察自己、覺察當下、真實體驗著心教練「有心就有路」的信念帶給我的轉變，讓我明白覺察自己真正的需要，去創造學習機會，解決問題，改變自己，改變生活等等對我的意義，它讓我變得勇敢而無畏。在這次課堂上，我體驗到了一場關鍵的「問心」，開啟了我生命的新篇章。**

## ♡ 一場"問心"對話，我真正感受到了改變的力量

「海霞，請你閉上眼睛想一想，有什麼想和我討論的事嗎？」Eva老師定靜地坐在我對面，用舒緩的聲音問道。

「老師，我不用閉眼，我已經想好了」我自信地回應。

「那好，我們開始吧」，老師準備好了聆聽。

「我一直很努力工作，認真生活，但和同事、朋友的相處一般，我盡力做好所有的事，但總感覺得不到自己希望的結果。這麼多年以來，我總覺得自己有使命，但不知道是什麼，我想和老師討論自己的使命和天命。」這段話我越說越快，緊張感漸漸充滿全身。

「你感覺緊張嗎？試試放慢說話的速度。」老師已經看到我的情緒⋯

「我也不知道，越說越快，現在嘴唇在發抖，好像不能順利說話了，我以為自己想好了，但現在卻止不住眼淚。」我一邊說著，眼淚奪眶而出，止不住地流，雙肩顫動。

「那好，現在你把眼睛閉起來，我們一起來感受一下，此刻的眼淚是什麼含義？」

在老師的引導下，我閉上眼睛，嘴角抖動得更加厲害，眼淚像瀑布一樣順勢而下，身體不停地出汗，臉上的淚水和汗水混在一起，盡情地流淌著，腦子裡像放電影一樣，一件件往事飛速閃過，喉嚨像放入了一個塞子，一個音也發不出來。我知道老師在我對面定靜地陪著我，我能感受到老師堅定溫和的目光，我沒有抵抗，讓情緒隨心釋放著。

「好，現在我們回到當下，看看有什麼感受？」大約一分鐘左右，老師的聲音從對面傳來。

「感覺自己好無力啊」，眼淚慢慢地收回了，我睜開雙眼回應老師。

「好，現在閉上眼睛，感受一下，內在能給你力量的位置在哪裡？把手放在那裡。」按照老師的引導，我閉上眼睛用心感受，我把手放在了心口的位置，「是這裡，這裡能給我力量」。

「好，手就放在這裡，她想告訴你什麼？」老師繼續問我。

**「想學習」，我堅定地回應老師的提問，「以前好像都是在為別人學習，因為父母的希望，老師的希望。我現在想為自己學習，想學習我自己感興趣**

的，比如心教練。」我的聲音堅定，思路清晰，情緒穩定。

「那好。關於學習有什麼行動或計畫？」老師提問的時候，我被老師眼裡柔和、慈愛的光感動著、激勵著⋯⋯

「我之前都給孩子們寫成長日記，我現在想為自己也寫日記，寫自己的覺察日記；我想看書，之前有二十幾本想看的書，現在想馬上安排時間開始閱讀；我還想走到人群中，想和大家在一起，想分享我的感受。」我坐直了身體，興致勃勃地講著自己的計畫，臉上表情放鬆，內在心花怒放。

「非常好，今天關於你的學習這個話題我們談到這裡，現在感覺怎麼樣？」老師問到。

「感覺好輕鬆」，我信心滿滿，一種糾結後的釐清，一種釋放後的輕鬆充滿全身。

之後的晚餐時間，一種從未有過的感覺籠罩著我，包裹著我，聽不進周圍夥伴的談話，想不出自己要講些什麼，吃進嘴裡的食物也不知所味。請教Eva老師後才知道，舊的心智模式被轉化，新的模式還未完全穩定起來時，會出現暫時的「空白感」，在我的內在空間裡新舊轉化正在那裡發生⋯⋯

**原來，「問心」可以得願，有願可以獲力，有力可以行變，有變可隨順，有順可以持衡。「問心」讓我深刻瞭解到自己的意願，認真明確了自己的目標（學自己感興趣的），徹底看清了自我糾結的原因（舊有的心智模式的影響）。**

這次心教練「問心」的親身體驗成就了我對自己「心能量」的自信，萌生

出一個想法：我可不可以和女兒用這種方式溝通呢？有願望有力量，我做好了勇敢嘗試的準備。

## ♡ 原來，我可以成為一個懂得「問心」的好媽媽

10歲的女兒寧寧是個誠實、勇敢、智慧的小精靈，她帶給我練習耐心、釋放愛心的機會，帶給我思考人生、磨練意志的機會。接觸心教練之前，我與女兒的關係處在一個瓶頸期：她日漸強大的自我意識與我有增無減的保護意識相碰撞，她喜歡的相對獨立與我的時時相隨有抵觸，她內在的成長需求我無法隨時滿足，她的恐懼、憤怒讓我不知所措。

**幸運的是，Eva心教練所引導的靜心、問心的體驗和練習，給了我打開女兒心門的鑰匙。從北京學習心教練課程回來的第二天，女兒陷入了糾結，我有了一次珍貴的「教練式媽媽」的體驗。**

清晨起床後，女兒因為暑期英語課和矯正視力的時間安排有衝突，感到很糾結，憤怒的情緒充滿她的身體，委屈的眼淚奪眶而出，全身扭動，不停地跺腳。我之前的做法是擁抱，安慰，曉之以理，動之以情，施以威力，施以誘惑，有時以我的妥協讓步結束，有時以女兒的委曲求全告終。問題看似暫時解決，但其「負作用」還會在某個時機被引爆，形成不良的迴圈模式。

心教練的心法就是分分秒秒可用，時時刻刻相隨。我握著寧寧的手，讓她體會我與她當下同在的力量。因為生氣，她的小手有些顫抖，但很快，我雙手的堅定讓她安靜下來，同時寧寧小手傳給我的溫度也讓我自己回到當下，讓自己覺察到內在的鬆柔、定靜，用心地聆聽女兒的想法和感受。

女兒很驚訝，她已經準備好了應對我可能進行的說服，但我對她心聲的用心聆聽，對她的決定真心接納，對她的情緒安定地放下，她漸漸平靜了下來，順利地結束了上午的學習。

午餐後，我和女兒寧寧有了一個安靜、安全的對話時間：

「寧寧，早晨的事情你現在有什麼感受，能和媽媽說說嗎？」我溫柔地看著寧寧，輕聲問道。

**「媽媽，我現在心裡酸酸的，喉嚨不舒服。」寧寧在流淚。**

「喉嚨不舒服。」我沒有評價和建議，只是重複她說的感受

「嗯，就像是堵住了一樣，越說話越堵。」接著她大喊一聲。

我內心有些不穩，放棄的念頭一閃而過，但是我還是決定繼續嘗試。

**「寧寧，閉上眼睛，把手放在喉嚨上，有什麼感受？」**

寧寧照做，在她閉上眼睛後，淚水不停地流下來。

「寧寧，你現在喉嚨很堵，別擔心，媽媽陪著你，如果有什麼感受可以告訴我。」

寧寧的淚水奔湧而出，一浪接一浪，一分鐘左右，她睜開眼睛。

**「媽媽，我心裡像是有好多袋子，一個袋子打開就會有酸酸的感覺，喉嚨就堵，就想流淚。」寧寧說話了，臉上還帶著剛才流出的淚水。**

「寧寧，現在喉嚨還有堵的感覺嗎？」

「媽媽，剛才閉上眼睛的時候就不那麼堵了，現在睜開眼睛說話，又有點堵。」

「那好，現在再閉上眼睛，感受一下喉嚨不再堵了。」寧寧照做。

「現在喉嚨不堵了，舒服多了。」

「那感受一下心裡的袋子，袋子是什麼？」隨著我的引導，寧寧又開始流淚。

「那些袋子裡像是我以前的感受，我不想表達，就把它們裝進袋子，壓在心上好累，好像有六個或者七個，剛才打開了兩、三個。」

**「心上的袋子打開了，讓心酸酸的，喉嚨很堵，那些酸酸的順著眼淚流出來了，現在還在流，閉上眼睛，試試能流出多少。」我接著提示寧寧。**

寧寧哭出聲了，淚水又是一浪接一浪，持續了一會兒，她收了聲，淚水也漸漸少了。

「酸酸的，現在還有嗎？」我問。

「好像還有，在袋子裡，但現在打不開了。」

「那好。現在有什麼決定嗎？」

「我現在不想再往心上放袋子了。」寧寧臉上有笑容浮現。

「那想怎麼做？」

「不知道。」

「好，那可以再想想，想到了告訴媽媽。需要誰幫忙不？」

「媽媽幫我。」

「還有誰？」

「還有爸爸、安安、小宇，還有同學。」

「好，媽媽一定幫你，什麼時候想和媽媽談都行。」

**「媽媽，你學心教練真好，你說話和以前不一樣了，你問的問題都是我自己的話，沒有你想的問題，我很願意回答。」**

我沒說話，給了寧寧一個大大的擁抱。

教育，是一棵樹搖動另一棵樹的過程，是心靈觸碰心靈的過程，是生命推動生命的過程。

心教練對我生命的觸動和推動激發出我的潛能，讓我從「心」出發，學習敬畏孩子的內在，尊重孩子的感受，以我的生命推動他們，以我的心靈觸碰他們。

我和孩子共同不一樣的生命改變一直持續的發生著、發展著，我行，以「心」為理，我做，知行合一。

# 我與心教練——離苦得樂的道路

歐陽彥琨

> 原本性格偏內向，內在力量極其微弱，極其無力、深深受苦的我，直到聽到Eva老師說心教練可以助人「離苦得樂」，之前參加過很多學習，聽過很多課，從來沒有一次讓我有此刻這般深刻的觸動和生命連接感⋯⋯⋯

## ♡ 看見生命中的苦

我是一個性格偏內向的人，喜靜避鬧，有些特立獨行，不喜歡去迎合他人，從小的時候就表現出來了。小學的時候一大家子人一起出行，我願意一個人遠遠的站在一邊看風景，也不加入大家熱鬧的談話。這類情景曾經讓家裡的長輩非常擔憂，他們擔心我繼續發展下去會出問題。

上高中的時候，雖然因為入學考試全班第一名而被老師指定為學生幹部，但是也因為性格孤僻不太合群，第二次選舉就慘遭失敗，得票寥寥，備受打擊。上大學前的暑假，我痛下決心要在新的環境中重新塑造自己，於是在大學期間，要求自己主動參加各種學校活動，讓自己的人際交往有了更多的拓展，畢業以後，有機會留校工作，在學校的職業發展也不錯。但是，江山易改、本性難移，工作以後的我，常常遇到一些糾結、矛盾。

我的內在感受豐富、細膩而敏銳，這一方面讓我能夠很敏銳地感知人和事，很容易理解和共情他人的感受，同時，也讓我很容易陷入多愁善感，多思多慮。我會對過去發生的事情左思右想，提不起，放不下，給我帶來了諸多的困擾，這種不自覺的過多思慮，不時讓我陷入煩惱與痛苦。

印象很深刻的一次，我因為工作需要獨自代表學校接待幾位企業老總，在去之前，就有個聲音開始盤旋：「我性格偏內向，我不喜歡搞接待，接待不是我的強項，我不擅長跟陌生人交流，萬一沒做好怎麼辦？那會很丟人，也會給學校丟臉……」，這個聲音讓我渾身緊繃，心臟收縮，心跳加快，無法安靜下來。沒辦法硬著頭皮上了場，幾位成功的企業老總明顯能量氣場很高，整個過程中，我看到自己一邊在強打精神應對交流，企圖表現好一些，企圖讓自己看起來鎮定自如一些，一邊一直聽到耳邊不停的各種擔心、恐懼、評判、甚至嘲諷之聲，像蒼蠅一樣嗡嗡作響，幾乎耳鳴眩暈。可以肯定的是，現場我的表現糟糕透了，完全不在狀態內。

**在會談結束之後，我就像逃犯一般如釋重負地逃離現場。我深深的不喜歡那個當下的自己，那個深陷在自己頭腦魔鬼一般的掌控下無法自拔，內在力量極其微弱，極其無力、深深受苦的自己。可是，我如何才能從中拯救自己？我沒有答案。**

此外，在剛學習教練技術的時候，我更多地是在運用流程工具，停留在術的層面居多，一旦工具方法用完，就有些山窮水盡的感覺。在教練過程中，也會時常聽到自己頭腦的分析、判斷、擔心、恐懼，擔心自己的教練效果會不夠好，很難完全放下一切內在的聲音，完全安定安心地處於當下，所以與客戶建立同在與連接不夠。在剛做教練的時候，感到自己的內在修為和功力遠遠不夠，卻找不到更好的法門。

## ♡ 發現離苦得樂之路

一個偶然的機會，2015年1月8日，在空中生命教練營微信群，聽到來自臺灣的Eva心教練一次一小時的語音分享，她說：「我這一生所致力的使命，就是幫助人們改變自己的心智模式，實現離苦得樂」，「離苦得樂」這個詞猶如一個響亮的洪鐘敲響在我的心頭，久久迴旋。離苦，得樂，這不就是我所渴望的嗎，我不由得心頭一亮，精神為之大振！

Eva老師說：「心理學，只是解決讓人如何離苦，心教練，能夠讓人離苦又得樂！」在聆聽她一小時分享的過程中，聽到心教練的心即理、致良知，聽到覺察制約、化解干擾，聽到心為主、腦為僕，心腦合一、知行合一。聽到心教練強調的inner work，內外兼修等等。

老師的聲音如緩緩江水平穩安定地從手機另一端傳來，字字入心，感覺到一種感人的能量，如潮水般一陣一陣地傳遞到我身上，讓我眷戀不捨。

　　之前參加過很多學習，聽過很多課，從來沒有一次讓我有此刻這般深刻的觸動和生命連接感。

　　這些理念就彷彿像一面特別清明的鏡子，讓我更加清晰地看到了那個在頭腦控制下無意識、無覺知，卻深深受苦、無法自拔的自己；又彷彿給身處苦難中的我開出了一劑良藥，讓我內心萌發出渴望離苦得樂的強烈呼喚；又彷彿突然給黑暗摸索中的我打開一扇天窗，點亮一盞燈，一下看到了自己可以擺脫痛苦，去到快樂，去到內心自由的方向，一下感覺到了一種可以獲得重生、離苦得樂的希望。當天語音分享結束以後，我忍不住反覆重聽很多遍，還是感覺不夠，就乾脆花了十幾個小時，一邊重聽，一邊把每段語音一字不漏地轉錄成文字，以便日後經常閱讀溫習。

　　此後，我的生命越來越深入地與Eva老師建立深刻的連接。與老師在一起的日子裡，我總是感受到她身上一種特別安穩、安定、安心、安詳的力量，遇到任何事情都不急不緩，語氣總是平靜緩和中又充滿力量，對人對事隨順隨和從不刻意強求，除了時常招牌式的開懷大笑，很少看到她有強大的情緒波動。在她身邊總能感受到一種內心安定的場域，讓身在旁邊的我也情不自禁地語速放慢，步伐放緩，思維澄清，內在力量緩緩提升，得到很多無形的滋養。

## ♡ 感受內在平靜的力量

她心中有著無比清晰而堅定的大願，卻不帶任何執著，沒有擔心與恐懼，只是不急、不停、不怕地往前走，在她的身上，總能感受到那種渾然天成的、一股厚重的能量，不知不覺中吸引很多有識之士匯聚到她的周圍。在她的身邊，無論我做什麼，無論我選擇什麼，我都能感受到來自她的一份特別大的允許、接納和包容，沒有必須，沒有應該，沒有評判，只有邀請、接納、允許、回饋。所以，雖然是和一門宗師相處，卻幾乎感受不到任何心理壓力，取而代之的是滿滿一份和煦的、溫暖的愛。

記得7歲的女兒第一次見到Eva老師，極盡一個小淘氣包的各種古怪刁鑽，讓我都有些擔心，要是我，早就可能不耐煩了。而Eva老師沒有任何情緒波動地與她互動著，見招拆招，安定、隨順，溫暖。短短時間，就把這個混世小魔王給完全收服了，女兒很認真地對她說：「婆婆，我都不知道用什麼詞來形容您了，您好平靜，好慈祥哦，以後我一輩子都聽您的，您說什麼我都聽！」我當場震驚了！從小到大，女兒從來沒有這麼認真，這麼掏心掏肺地對人說話，哪怕是對她的父母。女兒這種超乎尋常的表現，直看得一邊的我瞠目結舌，也不由有些汗顏。我想，這就是內在平靜所帶來的安定的力量吧！

讀過Eva老師的成長故事，瞭解到她一路走來也有不少的困難艱辛，但是她說，我沒有受苦，過去所有經歷的一切都是為了來到此刻做準備。此刻，她已經用自己的生命，真正踐行和活出了離苦得樂的狀態：內在清明，沒有恐懼，沒有糾結，隨順圓潤，安心安定，念念分明，如如不動，隨時湧出無窮的大智慧。

在她的身上，我看到了「離苦得樂」不僅僅是一種虛無縹緲的概念，不僅僅是一種遙不可及的渴望，而是一種可以真真實實活出來的可能性。

在我的生命中，第一次這麼近距離地與這樣一位如此高能量的人在一起，我感到自己何等的幸運與幸福，在我越來越深切感受到生命中深深受苦的時候，就有這樣一位智慧的上師出現在我的生命中，為我指引離苦得樂的道路。順應內在的指引和上天的安排，我情不自禁地開始跟隨Eva老師走上學習心教練，追尋離苦得樂的修習傳播之路。從那時開始，我的生命道路，與心教練、與Eva老師也開始逐漸交匯並深刻交融在一起。

## ♡ 走上離苦得樂之路

教練，是我從2013年5月起就確定的生涯，是自己未來一輩子發展的志業。教練，是支持人們經由內在成長，從而促進外在成功的專業人士。一個人的成長成功，內在狀態起著決定性的作用。而要成為支持他人內在成長的專家，教練自己的內在成長，則是首先需要不斷修習提升，讓自己更多的實現離苦得樂，才有可能做到己達達人。能夠在自我不斷修習成長的過程中，幫助到更多的人，讓更多的生命成長綻放，這就是我熱愛教練事業的重要原因。

有一句話說得好：「干預的效果取決於干預者自身的狀態」，如果教練自己的生命還在各種痛苦糾結中無法覺知，無法自拔，教練也沒有能力更多地支援客戶走出痛苦，獲得快樂。

　　教練是一面鏡子，能夠協助客戶清晰地照見自己，而這面鏡子，也會因為種種原因蒙上了厚厚的灰塵，也會有自身難以擦拭的汙跡斑痕。所以要成為清明的鏡子，不僅需要教練的工具方法，更需要教練的日日自我修習，自我覺察，日日勤拂拭，把上面的灰塵汙跡一點一點、逐漸擦拭乾淨，恢復鏡子清明的原貌。

## ♡ 心教練：訓練＋教練＋修煉

　　心教練，是Eva老師結合西方教練技術，與東方明代儒家王陽明《心學》精髓於一體，研究獨創的適合東方文化的教練培育體系。心教練的修習，是通過教練技術來充分實踐王陽明《心學》提倡的「心即理、致良知、知行合一」的理念精髓。強調深刻洞悉內心存養的天理，充分發揮一個人內心的力量。通過覺知區分內在的心聲與頭腦的各種干擾之聲，讓自己從頭腦的掌控中抽離出來，重新讓心做主，讓腦為心服務，讓自己實現心腦合一，依心而行，從而實踐出知行合一。

　　**心教練特有的集訓練＋教練＋修煉於一體的培育過程，強調在外在方法技術修習的同時，尤其著力於教練內在狀態的同步修習與提升。**

　　在心教練心能量課上，老師帶領我們做動態靜心，其中一個環節是邀請大家在一個安全的私密空間中，完全地釋放自己內在的情緒。我原本以為自己的生活總體過得還不錯，應該沒有什麼情緒，沒想到當內在情緒釋放得到完全允許後，我竟忍不住連續嚎啕大哭了幾個早晨，淚水如決堤一般地奔湧而出，悲傷無比，無法抑制，不停地釋放，直到最後哭不出來。

　　原來，從小到大，各種委屈悲傷，沒有被允許，沒有被正確面對，沒有被釋放乾淨，竟然全部壓抑在體內，潛移默化地影響著自己的身體、情緒和言行，並且很容易在相似的情境下一再引發出悲傷情緒。而這些負面情緒，就如累積起來一層一層厚厚的灰塵，覆蓋在內心的鏡子上，讓自己無法乾淨清明地照見自己，照見他人。我在痛哭靜心的過程中，不由得聯想到過去一些委屈傷心的往事，有的事件引發的悲傷情緒竟然積壓至今近20年之久。

　　以往每每想起這些往事，都會黯然神傷，自憐自怨半天，而在這次練習中，我徹底的釋放出這股積壓在身體裡的悲傷情緒，之後再回想起那些往事，竟然感到心情平靜平和了很多，幾乎不再激發起波瀾，很多過去都放下了，看待事情的角度也積極樂觀了許多，身體和情緒也跟隨著清明了不少。

　　在這樣持續的內在能量修習中，我不斷地覺察和釋放自己內心積壓的各種負面情緒，不斷擦拭自己的鏡子，不斷淨化自己的內心，對自己的各種情緒也有了更加敏銳的覺察力。

　　在每月傳道班學習中，老師一邊講授、演練教練的方法技術，一邊直接結合每個人的生命發展當下面臨的各種困惑問題，給予現場教練、指導和點化，覺察制約、化解干擾，撥雲見日，重新找回內在方向和力量。一邊帶領大家靜心修習，進行空、鬆、定、靜、覺的內在修煉，感受坐在心上、安住當下，感受與他人內心的連接與同在，聆聽自己內在的心聲，感受內在心力的變化。

這個過程中，一邊外修技能，一邊內修覺知，一邊不斷淨化、內化、轉化，感受到自己生命的覺知之光被重新點亮，並一點一點地撥去燈芯周圍的雜質，覺知之光越來越有力量。每一次課程，都感覺是一次對自我生命的一次深刻照見，一次新的淨化，一次新的里程。

我的工科頭腦一直過度使用，過於發達，以致於過去我常常陷入多思多慮的糾結矛盾之中。心裡剛剛想到要做一件事，頭腦的各種擔心、恐懼、評判的聲音就會立刻響起，又開始瞻前顧後，最終讓自己陷入矛盾糾結，痛苦掙扎，很久無法解決。

## ♡ 抓到問心的訣竅

Eva老師說：頭腦有很多的聲音，而內心的聲音只有一個，我們只需要致良知、心即理，聆聽自己內心的聲音，然後依心而行。她教給我們一個解決內在糾結的小訣竅：「問心」，當遇到糾結矛盾的時候，先暫時不管頭腦的各種意見，直接去問自己的內心：「我到底是不是真的想要？」然後靜下心來傾聽內心的聲音，**如果內心的回答是：「想要！」那麼，再邀請頭腦來幫助內心實現心願，進行規劃、設計、計畫、安排，為心願的達成思考具體方法和途徑。如果內心的回答是：「不想要！」那麼，就直接放下頭腦的任何思慮，不必再有任何糾結。這就是，讓心為主、腦為僕、心腦合一，依心而行，讓身心一致，知行合一的具體應用。**

這之後,只要遇到類似的糾結矛盾,我就運用這個方法,不僅很快就能夠覺察到自己頭腦的各種聲音,同時也開始越來越多,越來越容易聽到自己內在的心聲,然後邀請這個內在的聲音做主,讓頭腦為她服務,讓自己做決定越來越容易,糾結矛盾逐漸減少,這方面的痛苦也在逐漸減輕。並且,依心而行的決定,幾乎從未讓我後悔過。

在一年多來走在心教練學習實踐的過程中,我逐漸開始更多聽到自己內心的聲音,逐漸開始艱難蹣跚地學會依心而行地去選擇自己未來後半生的發展路徑,逐漸開始更多去愛自己,允許自己,打開自己、釋放自己,逐漸開始學會用覺知日誌的方式,去覺察日常的點滴情緒,看到情緒背後的思想,去看到頭腦的恐懼與掌控,看到自己以往受苦的種種模式,逐漸學習讓心做主,讓頭腦為心服務,讓自己一點點,走出自己頭腦、小我控制的牢籠,看到更多的自由之光,也更多地看見自己心力在一點點存養和提升。

我知道離苦得樂之路是我一輩子的修習之路,這是我自己有意識、有覺知的選擇,我慶幸與感恩自己找到這條路,走上這條路,雖然這還僅僅是一個開始,未來路還很長很長,也充滿各種未知。但是,離苦得樂,是我內在不變的渴望,我將一直往前走,我也相信,當我自己的生命不斷成長提升,越來越活出真實的自我,我還將可以引導和支持更多人,走向離苦得樂!

# 心教練－心之體驗

潘素霜

> 「教練是一面鏡子」不再只是一個道理，而是我真實的體驗；當教練只問心，凡是提問都是心的渴望：教練問心的過程就是引領客戶不斷跟自己的內在聯結，讓客戶重新照見本心，覺察到自己的思維、觀點、情緒，就在坐在心上覺察的這一時刻，舊有觀點被轉化，新的認知被看見。So Easy！

##  近距離碰觸內在的渴望

當我在群裡說要辭職了，馬上收到Eva老師的回饋：「Rebecca，聽說你要辭職了，真-好-啊！」

辭職雖是坐在心上的選擇，但面對現實還是焦慮重重，老師的一句真是好，直點內心，一股輕鬆的暖流從頭湧入。老師繼而邀請在3天的課中我作為客戶來一次職涯會談，而且親自操刀，讓我內心感動不已。

會談初始我還些許有些緊張，我到底要談什麼？我在職業轉型期，有願景有行動，但這條路是不是就是我的「真命天子」，是否能實現與成功？無人知道，我心也很忐忑。但這是教練能告訴我的嗎？教練也不知道啊！心教練要如何做呢？

老師一開始就營造一個溫暖有空間的場，問的問題緊貼內心的聲音—渴望與需求，整個會談就沿著渴望與需求之路展開，我逐漸進入到自己的內在世界。大腦時不時出來干擾之聲：我不行、不確定、不知道，但老師輕輕略過，聚焦在內心的渴望與需求。慢慢地，干擾之聲慢慢沉靜，內在之聲變得純粹乾淨，內心渴望宛如晴空萬里的珠穆朗瑪峰一展無遺。

**會談結束，老師問我的感受。我直覺說：真的感受到教練是一面鏡子！老師好像沒做什麼，沒有推或也沒有拉，只是如實的去照見我的內心。整個會談，我都專注在內心深處，沒有恐懼沒有焦慮唯有專注，教練在整個過程的陪伴讓我覺得被信賴，我如此清晰的近距離的碰觸內心接近內在的渴望，這個過程讓我收穫到的是對職業轉換接下來的畫面及行動的清晰、篤定、自信，因為我已經在會談中經驗到了，這就是體驗的珍貴！**

這些天來我一直在感受這段會談帶給我的變化，那個清晰、篤定、自信的力量一直在持續支持著我，當焦慮、挫敗、恐懼再次出現的時候，那個清晰的內在體驗重新浮現，清晰、篤定、自信油然而生。

這段寶貴的教練會談體驗，以及會談後老師與我們的交流分享帶給我好多反思。為什麼問心能有如此神奇的效果？我們都說教練是鏡子，到底這面鏡子如何做？

## ♡ 知心、練心、問心

Eva老師將東方陽明心學與西方教練技術整合創建了東方心教練。為了深入瞭解，我特意在網易公開課上學習董平教授講授的《王陽明心學》，董教授講到陽明心學的「致良知、心即理」：

"心即指本心，王陽明認為宇宙的最高真理原本和我們本身的本質是純然一致的，本心就是宇宙的最高之道在人本身的實在狀態。所以成為聖人最重要的就是要開顯本心，使我們原本和最高之理相符合相一致的本心以它自己原本的樣子顯現出來，而一旦達到這個境界，毫無疑問，這是天道在人這裡的最高實現，也就是天人合一。"

"回到原本的狀態，心就像鏡子一樣，鏡面什麼都沒有，但什麼都能照見，如實的一絲一毫不差的反映來到它面前的事物。我們的心就能如實的去反映事物，如實的去從事一個事件，如實的去處理我們的日常事務，按本心的自身要求，那樣去做，就是聖人的現實世界的開拓。"

**這段話讓我醍醐灌頂，激動不已。原來根據我們本心去做，就是天道在人這裡的最高實現，就是天人合一，就是聖人的現實世界的開拓。**

國際教練聯盟（ICF）對教練的定義：

專業教練作為一個長期夥伴，旨在幫助客戶成為生活和事業上的贏家。教練幫助他們提升個人表現，提高生活品質。

教練經過專業的訓練，來聆聽、觀察，並按客戶個人需求而定制coaching

方式。他們激發客戶自身尋求解決辦法和對策的能力，因為他們相信客戶是
生來就富於創意與智慧的。教練的職責則是提供支援，以增強客戶已有的技
能、資源和創造力。（ICF網站,2006）

**教練如何相信客戶是生來就富於創意與智慧的？客戶的創意與智慧又來
源於何處？王陽明的「致良知、心即理」如實的展示了教練的信念：教練
相信每個人都與生俱來的擁有良知即本心，而本心就是每個人的創意與智
慧來源！**

認知不等於良知。

對本心的相信、對生命內在智慧的相信要如何從認知到心知心行？如Eva
老師所說，這就需要知心、練心、問心，走回本心之道，這正是教練的心路
修煉。

## ♡ 一念心轉

這次心之體驗另一個感悟是「問心」真的好神奇，就在自心裡走一遭，之
前的猶豫、擔心、糾結一下子就轉化了，而且是心甘情願、輕而易舉，之後
的力量感又如此的強烈。為什麼「問心」能有如此神奇的效果呢？

在教練會談中我們需做到四體覺察：身體、情緒體、思維體、能量體，一
般的會談中關注點主要在情緒體和思維體上工作，身體、能量體輔助。情緒
體、思維體到底怎樣對我們產生作用呢？

就我的體驗做一個初級的簡單詮釋：內在有渴望，來自於心中的期待；內在又有情緒，各種情緒交織在一起，甚至本心也被遮擋無以得見。情緒從哪裡來？西方聖哲說：事實從來不會產生任何心理痛苦，帶給你痛苦的是"詮釋"。痛苦是你創造出來的，因為那是你的詮釋；若改變詮釋、改變看法，同樣的事物就會變得令人愉快。這個詮釋就是我們的思維意識。當思維意識帶來的情緒遮擋住內在之光時，我們就迷失了自己。

**教練「問心」的過程就是引領客戶不斷跟自己的內在聯結，讓客戶重新照見本心，覺察到自己的思維、觀點、情緒，就在坐在心上覺察的這一時刻，舊有觀點被轉化，新的認知被創造，一念心轉的翻轉即刻發生。這就是「心即理」的現象，也是ICF認定之教練核心能力的第八項：產生意識，啟發覺察力。**

一念心轉之後，客戶進入心腦合一，內在的創意與智慧之源開啟，此時，再不是應該做什麼，而是我內心渴望做什麼，GROW模型協助客戶產生的行動才會持久有效。

會談中，客戶常描述很多來自頭腦的聲音，教練如何讓客戶進入本心、啟發覺察、一念心轉？首先是信念，教練相信客戶內在一定有一個沉靜清晰的空間，即本心。其次是修練，教練可以對腦和心的運作保持清明的覺知，從教練本身建立一個空、鬆、定、靜、覺的場域，全然當下、安全、不評判、無條件接納，然後將那個"內心的空間"導航出來和客戶連接，就在那個空間展開對話。在這樣一個空間裡，客戶的心聲自然流淌，覺知之光顯現，瞬間照見那顆本心，照見那些干擾，轉化即刻開始發生。

## ♡ 真實的心之體驗

正如Eva老師説的：

"教練都在做什麼？教練最可貴的常常就是不做什麼，如何引導客戶清楚的看到自己內心智慧之光的可能性，當客戶在講干擾的時候，教練不和他的干擾連結，教練只是單純問心，所以不會在干擾中提問，凡是提問都是關於心的渴望：你內心有什麼渴望，有什麼夢想，有什麼追求，一直重複有關渴望夢想追求，然後客戶就在這個內在空間裡，經驗到了珍貴的良知智慧！

專業助人的教練們要怎麼做到呢？

最高境界是念念分明、如如不動！當頭腦的混亂發生我只是有覺知的讓他們過去，繼續跟隨客戶真正需要經驗的那個空間⋯⋯我們要做的只是引導對方化解干擾。提什麼問題？教練究竟是在化解干擾還是增加困擾？當每一個客戶説話時都是在對心教練進行修煉，如果客戶是在混亂的頭腦中説話，教練不會和混亂對話，看見很多妄念，就讓它流過、不被勾起自己的頭腦分析，教練是處在當下面向積極正向的未來，所以對方的渴望和追求才是我們要去深入釐清的。除非是在關於渴望追求上有一個很強的干擾是過不去的，我們會在這裡做內在工作，進行轉念或化解。"

這就是心之體驗——心教練過程中我深有感觸的，與大家分享。「教練是一面鏡子」不再只是一個道理，是我親身的真實體驗，身為一個教練，自己被教練的真實體驗是如此的重要啊！

# 4.7　東方心教練是教練的教練

劉白

> 在中國，我們有五千年的文化與歷史，中國人特有的文化性格、文化氣質需要一套中國人自己的教練體系。Eva老師研究發展的東方心教練即是基於東方人的心理特質，應用東方心學的智慧，並融合西方人本、完形、薩提亞心理學、教練學於一體的非常適合東方人修學的教練體系。

東方心教練（以下簡稱心教練）是一套整合訓練、教練、修煉的東方教練培養生成體系。從三個模組課堂的訓練，足夠小時數的練習、論文的提交到生活中的養成，提倡「訓練是要學出來，教練是要做出來，修煉是要活出來」。

我看西方的ICF10項能力要求與東方心教練10項核心能力：

## ICF10項能力：

1.建立親和力　　2.教練狀態　　3.合約/會談聚焦　　4.深度聆聽

5.強有力提問　　6.直接溝通　　7.創造醒覺　　8.設計行動

9.計畫和目標設定　　10.管理進步與承擔責任

## 心教練10大能力：

1.處在當下　　2.建立同在　　3.用心聆聽　　4.有效發問

5.覺察制約　　6.化解干擾　　7.目標設定　　8.瞭解現況

9.促進行動　　10.運用支援（support systems）

細心的你一定可以發現，無論是ICF 還是心教練，這10大能力不僅是10大能力，也包括了教練的流程與步驟。

在ICF裡面，前面7項能力都是探索的過程，後面3步是行動計畫實施落地的過程。特別是第10項，對於長期教練尤為重要。

## ♡ 心教練重先化解內在的制約

在心教練裡，前面六步是INNER-GROW MODEL，後面四步OUTER-GROW 才是設定目標和行動計畫。這是需要留意的一點。這也是心教練和西方教練體系不同的地方。西方教練體系一開始就理清目標，設定目標（GROW Model）而心教練到第7步才進行目標設定（ICF是在第3步）。Eva老師的獨到發現，東方人的成長背景缺少啟發性的學習，故需要先化解內在的制約，清楚自己真正的需求。也只有內在的覺知之光展開後，才能有真正清晰的目標。如果沒有進行INNER的釐清部分，就缺少了發自內心真實渴望的目標，也會受制於限制性思維及干擾性情緒，使得腦袋裡面自以為是的目標無法產生真正有效的行動。因此心教練的前6步可以稱作ICF教練GROW流程的前置部分。

西方大師級教練曾説：在邏輯層次各個層面有機地傾聽。這種聆聽會超越了教練的流派和形式。這種聆聽是通用的，包含了「當下」，以及客戶想要去到的光明未來。

　　我在Eva心教練的教練過程中一再的看見這就是她進行覺察制約、化解干擾的高效能狀態。

　　Eva老師說她之所以20年來在市場上一直有教練項目，關鍵在於她的修煉和專業督導。所以當市場上正在如火如荼的學習教練功夫時，她已經在培育教練的教練和督導。

　　Eva老師在課堂中，經常邀請我們去覺察自己，感受對方，體會環境。後來

　　我在做教練和督導的過程中，逐漸發現了更多的樂趣、色彩和豐富，探索就是帶著好奇。在其他教練體系中，也特別強調好奇。好奇，就是好奇對方的看法，好奇對方的觀點，好奇對方的冰山，好奇對方的世界。當好奇的時候，我們就失去了評判，失去了建議，失去了自以為是。現在的教練和督導過程中，我漸有感覺。彷彿杜甫的《春夜喜雨》，「好雨知時節，當春乃發生。隨風潛入夜，潤物細無聲。」有的時候真能感受到自己有點如影隨形的感覺，緊貼著對方的話題，緊貼著對方的議題，緊貼著對方的主題。上次一個客戶回饋中，說我的教練讓他沒有一刻逗留，每一個發問，一直都緊貼著他的內心，往裡邊，往心裏深處去探索。

　　透過更深入覺知我看見了過去當我執著於自己的時候，那不是一份生命的探索，那是一份說教和證明。

　　無論是教練，抑或是平常的溝通，習慣於說教自己認為的真理、道理、常理，藉此來表達自己的價值和存在的意義，還能借此沽名釣譽，表達自己有理想、有情操、有追求，是社會正能量。當我過去不斷強調的時候，當我只是執著於此時，就已經忽略了對方，忽略了環境。（就像老師說的ASOC）

我，看不見這個世界的魅力，看不見對方的美麗。最後發現，我的心情也變得越來越不美麗。

## ♡ 心教練是很好的修行

最近有句很流行的話叫「見自己，見天地，見眾生」。一直以為有眼睛才能看見，那我問你：你有眼睛，當你睡著了，你能看見嗎？當然，你看不見。你有眼睛，可是帶個眼罩，你能看見嗎？當然，你看不見。能看見，是因為有覺知，不是因為有眼睛。（就算我們真的失去視覺力，只要有覺知，你也能看見這個世界的美好）所以，Eva老師常常給我們的三字經是：覺察、覺知、覺行。每個人都有覺知，它是我們的本心、本性，用陽明先生的話說就是「致良知」。那個良知是覺知，不是大腦的認知，那個覺知是凡事知善知惡。

以前對於「行住坐臥都是禪」，很難用頭腦來理解，後來發現它的確不是用頭腦能理解的，它是要用身心來體驗的。以前也不會覺得心教練就是修行，現在體會到在心教練中，浸潤著點點滴滴的修行。我在教練對話中，保持覺知，已經慢慢形成一種習慣，它也逐漸蔓延到浸潤到生活的點點滴滴。所以對話和溝通可以轉為道用，心教練也可以轉為道用。所以現在我在心教練的過程中，能感受自己穩穩地坐在心上，如如不動，越來越自然，越來越灑脫，也為自己讚嘆。同時結束這個對話時，在生活中還是會有烏雲，還是會有障礙和偏見。現在慢慢體會到了心教練就是修行，就像打坐一樣，穩穩地坐在心上，穩穩地走在道上……

　　心教練修煉的不分析，不建議，不評判；覺察、覺知、覺行；自己、他人、環境⋯⋯這些點點滴滴的習慣和能量，一旦進入身心，浸潤自己，滋養自己，這份美好，這份美麗的能量，你想扔都扔不掉，它如影隨形，安然安住。

　　最近，自己有了很多空餘和可以支配的時間。有的時候，當一切都安頓下來，太多空餘時間反而有一份惶恐，總想做點什麼，好像閒著自己的心就不穩，能想到的一些平時的娛樂和安排，做完之後卻發現自己的心並不安穩，並不滋養，依然是浮動與躁動。在這段時間真正體會到了如果心沒有安定，安靜的時候，外在的東西也不能讓自己守住。想起太極師父強調的大鬆大軟、安然舒展，我體會到了白鶴亮翅，體會到了輕鬆自在。太極裏邊的立身中正、沈肩墜肘、放鬆不用力，和心教練的「空-鬆-定-靜-覺」，系出一門。

　　每次太極的結束都感受到了身心的滋養，滋潤和安慰。它就像一束光，當這個光越來越自然、習慣的時候，在做教練的時候也能駕輕就熟、輕鬆自然。透過在心教練三年的學習，今天在做教練、做督導、做訓練的時候，心裏非常的篤定，沒有衝突，沒有矛盾。一切都可以看見和照見他的本心，本性和本然。看見光是一件多麼美好的事情，看見深深的自己，也就看見了天地眾生。在這三年，老師的培養和同學們的陪伴，讓我在三年學習心教練的過程中，有機會照見了自己的黑暗，然後穿越黑暗，看見了本心本性。過去的自己是在黑暗中的對話，現在的自己是覺知中的對話。

## 48 坐在心上，感覺真好

陳藝

> 三十而立，四十不惑：和人有關，和事有關，和緣有關，和心有關。
> 今天是我邁入四十以後的第一個生日——四十一歲，內心平靜甜悅，淡淡的緩緩的品味著時光的流淌，似乎「不急、不停、不怕」已開始悄悄融入我的歲月。

「知道了但不懼怕，且充滿喜悅」在最近的日子中越來越有力，我知道在峇里島上心教練二十一天傳道班時發現的那個本心離我越來越近了，慢慢長大了。所以此時的我，雖然知道明天還有很多富有挑戰的工作，眉目還不清，旅行的行程和行李還未開啟準備，出行的日子前我是否能安排妥當所有工作還是個問號……我知道問題很多，困難不少，前程未定，但真的不那麼懼怕不那麼擔心了，因為我知道一切都是成長路上的一段，一切都會在好狀態下產生最好的發生，當下最重要的是我能一直坐在心上，就會順其自然完成該完成的一切，我的心有充足的能量去盡其所能。

## ♡ 來到不緊不慢，從容淡定的狀態

在最近日子中，我已經實踐和嘗到了「面對─接受─處理─放下」發生的甜頭，我沒有那麼多困擾，也化解了很多突發的意外狀況，隨著這種體驗，我感受到不僅僅是困擾少了，能夠微笑著激勵自己的同事和下屬，而且我的內心對於各種發生感到好奇，好奇這個發生帶給我什麼資訊？好奇通過這個發生又會有哪些新的發現？好奇在這發生中我又會迸發出怎樣的能量？我知道我更喜歡這樣不緊不慢、從容淡定的狀態，我身邊的人多了微笑，我的團隊更加投入和努力，我看到了關係可以更好的可能性，工作推進的成果，我也放下了一些目前還有挑戰的人際關係所帶來的困擾，看到我可以識別自己的情緒、別人的情緒，這給我們彼此都帶來了空間和機會，這樣的狀態對我是有益的，四十歲的軌跡如此下去是穩穩的，可以滋生出生命新的能量，我感恩和喜愛這樣的我。

這條內心軌跡的起源要從2015年末在成都的心教練公開課憶起，因為好友柯睿推薦，我漫不經心去了那場公開課，第一眼見到Eva老師，她穩健從容不緊不慢的坐在那裡，淺淺的、真誠的微笑就震到了我，她的狀態讓我感到安心貼心，這是我需要的。在兩天的課程中，老師說了一句「2016開啟心智模式的轉變」說到了我的心坎上。我決定參加二十一天心教練傳道班。

## ♡ 沒有PPT的課程：關鍵學習向內看

「坐在心上」、「不急、不停、不怕」讓我感受到內心強大的方向和力量。

能進入21天傳道班是幸運和及時的，2016年，我面臨工作的巨大變化和挑戰，有一份來自Eva老師和心教練同學的關懷和強大能量，使得這段路上的壓力悄然轉換為自我成長的鏡子，向內看，向自我找尋更多。心聲與腦聲的識別，動態靜心的情緒流淌化解，集體教練時同學們描繪出我負重登山的畫面、大樹的畫面、河流匯合的畫面，讓我淚流滿面，一面面鏡子照出和回應的理解、關懷、未來的圖景，讓我真正開始了放下；拈花灣我在甩手行進的動態靜心中發現了自己的局限往往來自於「辨」的思維習慣；在峇里島，在我的生命之樹下，我找尋到了本我—「知道了但不懼怕，且充滿喜悅」，感受到了靈魂伴侶的默契。這一步、一步、一處、一處的學習，讓我不急、不停、不怕的回到了心上，坐在了心上。

這確實是一個很不一樣的心路歷程，與大學裡的知識學習不同，與工作中的工具方法技能學習不同。這個課堂沒有PPT和教材，我用繪圖記出了一份特別的內心筆記；這個課堂沒有評判、沒有考核，目標是自己選自己定，最佳的學習方法是放空，是坐在心上。這個學習沒有捷徑，而這也正是最快的捷徑。我學習到，事情、人、關係，這些只是表象，不讓強大的腦停留在表象分析，而是穿越表象，用心去感受，心給出的指引和智慧大不一樣。我感受到了一個完全不同的心智模式所帶來的力量：坐在心上，感覺真好！

# 給自己寫一封信

李柯睿

> 此刻，我坐在一家咖啡廳裡最安靜的角落，準備給自己寫一封信：透過對自己說話，我想看一看，學習心教練這幾年，自己究竟經歷了什麼，成長和沉澱了什麼。處在這個當下，與自己的心同在，既是說給大家，也是寫給自己。

## ♡ 一個變化：用心和信心

我發生了什麼變化？

過去，如果不瞭解教練的人問我「心教練是什麼？」我說不太清楚。而昨天，我突然發現自己從「說不清楚」，來到做到了「入心的回應」。

昨天下午，我約見了一位創業者。在一次教練體驗活動中，他第一次體驗到教練的場域，十分好奇，便約了我想要瞭解更多。他分享了自己的十年創業經歷：職業的起伏、內心的較量、不停歇的工作、不停歇的學習、對家庭的責任……室內燈光有點暗，我一邊看著他的眼睛認真的聽著，一邊自然的回應著，他的分享也越來越豐富、開放。在他分享的時候，我感受到他正在尋找著什麼關於自己的答案。

有一個瞬間，他長長的吐了一口氣，眉頭更舒展了一些，好像已經一吐為快了。接著他提出了他的問題：「心教練是什麼？」他想知道心教練的理論

體系、模式、有何獨特之處……我也深呼吸了一口氣，感受著要如何回應這些問題。

### ♡ 心教練，把複雜變到簡單

有點出乎我的意料，我沒有回答那些技術的部分，卻聽到自己說：「**心教練，就是一種簡單。我學習心教練，經歷的就是讓自己從複雜變到簡單。有時候我們面臨著很多的複雜，需要有很多思考和學習。這些讓人變得聰明，也變得焦慮。教練就像一面鏡子，讓我看得更清晰、更簡單、內心更平和，決策更篤定。**」

我回答了他的問題嗎？我看到這位朋友靜下來，若有所思，眼神變得更加的平和。就好像我們正在一起穿過那些複雜和外在，來到什麼是生命真正重要的……

接下來的談話變得更加打開和深入了。最後他對我說：「你說的 "簡單" 讓我印象很深，我覺得自己現在就是把系統變得太複雜、更複雜，成了一個迴圈。我隱約覺得在心教練和陽明心學這裡有我要的答案」。從這個回饋我知道，我坐在心上的回應，看上去沒有回答他提出的問題本身，卻直接連結到了他內心的需要。他還說對心教練有「不明就裡的好感」--說不出為什麼但是就有直覺的喜歡，這也是我當初邂逅心教練的感覺啊！

## ♡ 用心感受對方的狀態

這次談話中我的變化也許並不驚天動地，但是對我有非常大的意義。終於，我穿越了頭腦的認知來到了用心——**沒有用標準答案回答字面的提問，而是用心去感受對方的狀態和需要，用心去回應對方深層的需求。我也穿越了頭腦的擔心來到了信心—相信心的答案有它神奇的力量，而不必擔心對方一時的不瞭解。這也是心教練的「關注人而不是事」。**坐在心上、帶著覺知、處在當下、建立連結，用心聆聽和回應。這些都是心教練的基本內功和核心能力。

## ♡ 這些，我感覺是真正的，由內而外的改變。

人有無限可能，這是活出來的信念。一個人內心的渴望究竟如何實現呢？人生究竟有多大可能性呢？

有一些可能性，總讓我心神嚮往，但以前我從來沒有想過它是否可能實現。比如：「我真的可以不用做到企業高管的角色，就做好教練嗎？」，「我真的可以只做自己熱愛的事情，就可以讓我賺錢富足嗎？」、「如果我的想法和周圍所有人的都不同，但是我真的想要，我還是可以去堅持自己嗎？」、「對我來說這一生重要的究竟是什麼？我真的可以不顧一切去追求嗎？」、「我可以保持自己獨特的風格，但還被企業客戶買單嗎？」……所有的這些問題背後，有擔心、恐懼、害怕、不確定、未知、迷茫……心生嚮往，心渴望之，而頭腦會跳出來說：「不可能」。

每次看到Eva老師，她總是內心怎麼想，就怎麼說，怎麼做。老師在教練上對我們教導有方，但更重要的是，她的「活出來」讓我們知道了什麼叫內外的言行一致，讓我們知道了，有一種存在叫「知行合一」，有一種狀態叫「離苦得樂」，有一種志願叫「專業助人」，這個世界上存在這樣一個人，對我是莫大的榜樣和激勵。

在心教練的一次一次陪伴中，我一次一次的回到本心。在那裡，體驗到什麼是「心即理、致良知」。我瞭解到，原來那些「不可能」都是頭腦的各種「限制性信念」，是我思考和行動的「心智模式」，而真正的我，其實充滿了各種可能性！

但是有了這些「看見」還不夠，幾十年的慣性和模式還需要一個深深轉化的過程。教練陪伴著這個過程，一次次的教練，一次次的釐清，一次次的做到，一次次的體證........慢慢的，我真的全然做到了，我也是真的知道了！真的可以不用焦慮，只要聚焦；真的可以專注在熱情上，不勉強做自己不喜歡的；真的可以允許自己，不必自我批判；真的可以活出價值觀，在那裡每一秒都很有意義......真的可以，真的可以，真的可以！！！

不止是老師，不止是我。我看到，心教練學員中的每一個人，就是這樣去一天天的說出來，做出來，活出來。在時間的流動中，我親身經歷著每個人內外改變的發生。這些，讓我心中的聲音變得更加確信：「每個人都有可能性！」、「人真的可以就是快樂而不必痛苦！」、「每個人心中都有良知！」、「生命的狀態是一種選擇」......是啊，作為一名心教練，看著這一群人的歷程，一群人生命的體證，那些書上的話不再是理論，而是實實在在生命的體驗。

## ♡ 教練家，從個人到組織發展的可能性-----我們正在踐行

我的夥伴魏奕作為一個十多年的專業人士，一直在探尋一個問題：一個組織究竟能不能幸福的創造績效？我曾經的老闆也一直有一個心願：讓每一個人在組織內快樂工作，快樂生活，找到歸屬和意義；我自己也一直在思考：當一個人進入組織的時候，她是否還可以「做自己」？一個待在組織裡的人，可以真實的「活」出來嗎？

「致良知 教練家」這個組織，就是走在這條讓人人自由自在活出來的路上。不急、不停、不怕，只是專注當下，學好、做好、活好這個無限的可能性。

我的心中有一幅最美的圖畫：那是漫天的星空，群星閃爍，如同呼吸，安寧美好-----我心中最大的心願，是這個世界上每一個人如同天空閃爍的星星，都綻放他璀璨的生命，而每一顆星星的彙聚，則共創了世界的美好。

## 淋漓盡致的活、毫無保留的愛

陳瑩

> 東方心教練，英文是**Awareness Coach**。我2013年跟隨**Eva**老師學習，參
> 加了首屆傳道班，首屆導師班，一路走來，今年是第5年，東方心教練
> 是什麼，這個問題我問過自己無數遍，始終沒有最終的答案，就像是生
> 命，說起來很簡單，簡單到三個字，心教練，學起來，深不可測，做起
> 來，每時每刻。

### ♡ 淋漓盡致的活、毫無保留的愛

　　我眼中的東方心教練像魔術師，她知道你知道的，也知道你不知道但很
想知道的，她會讓你親眼見證這一切是如何發生的；她像按摩師，撫摸你的
心靈，給你安慰，喚醒你繼續前行；她像同行者，陪伴你走人生的每一步，
聆聽你的故事，欣賞著你的成長；她像一位長者，引領你，支持你，默默無
聲，堅定而有力量；她像孩童，和你一起探索很多未知的世界，充滿著好奇
和夢想；她像……，這些也只是我體會中的一部分，還有很多，心教練究竟
是什麼，你體驗了就知道，這是一份來自於生命的禮物，為每一個獨一無二
的你而準備。

　　教練界的一句行話：教練是生命陪伴生命。在東方心教練的學習過程中，
我們一起學習的夥伴們就是這樣一群踐行者，每一次課堂上的學習，每一次

的線上線下的練習，每一次的遊學，每一次的對話，我們都見證著彼此生命的成長和蛻變，一起哭、一起笑、一起 喊、一起行走、一次次的心靈碰撞、一次次的真情表達，一次次的刻骨銘心，心教練們就是這麼一群鮮活和真實的生命個體。「淋漓盡致的活、毫無保留的愛」是我們最愛說的一句話。（這句話出自于心教練李柯睿）

## ♡ Eva老師是活出來的心教練榜樣

東方心教練的創始人是我們最最親愛的，尊重的Eva Suranga老師，見到老師的第一面，我就喜歡上老師了，開始學習的時候，老師曾經對我們說，"當你們是大師的時候，我就是宗師了。"我們現在還不是大師，還在繼續前行，也不知道這輩子能不能成為大師，這是我們的夢想。在我們心中，EVA老師已經是宗師了，她是活出來的榜樣，她用自己的生命歷程譜寫了心教練的樂章，讓每一個進入心教練課堂或者接觸過Eva老師的人，都有一股暖流湧入心田，她讓我們體驗到了內心平靜祥和時的喜悅，經驗到聆聽內心的聲音時的熱血沸騰，看到生命可以如此美麗的綻放，和她在一起的時候，你會感覺到被聽到、被看到、被理解，被懂的滋味。Eva老師教導我們的不急、不停、不怕，自覺、覺他、覺行，很多三字經都成了我們的座右銘。

東方心教練是我走上身心靈成長的啟蒙課，也是影響我生命的終生學習的課程，從覺察自己的起心動念，看見限制性的心智模式，覺知到生命的意義，活出覺醒的生命狀態，我還在路上，空、鬆、定、靜、覺是這條路上的路標，時刻引領著我，這條生命影響生命的路很長，很寬廣，很美，我會一直走下去。

# 愛與自由

許美艷

> 暑假還有兩天就結束了，即將上五年級的樂樂還有幾項實踐作業以及大量的閱讀作業還沒完成。媽媽了然於心。問他進展如何，需要什麼說明？兒子說：「我不想寫作業，我感覺到被管束，不自由，我，不想上學！」，憤怒而委屈，說著說著眼淚從臉蛋上滾落下來，「我前天就想著，要不我就離家出走。」

　　媽媽瞭解孩子因作業沒完成害怕面對老師，怎麼讓孩子從被動學習和害怕面對中，回到自動自發的意願和力量裡？這一直是媽媽頭疼的問題。一邊感受著孩子的狀態，一邊感受如何讓孩子放下負擔、輕鬆前行，就對孩子講「現在，我們放下所有的擔心、作業的事情、任何需要做的，沒有必須要做的，你完全是自由的，你會想做什麼？」，兒子沉默了一會兒，「現在從一點到九點共八個小時，我想幹什麼幹什麼。」兒子為自己的提議得到了允許高興不已，「聽到自由，我心裡現在就像放煙花一樣！」兒子興奮的說。媽媽想，無論接下來發生什麼，有了此刻兒子心裡樂開花的體驗，這8個小時值得了！

　　8個小時的自由之旅開始了，媽媽看到他興奮的跑來跑去、關上門。

　　體驗的結果是，樂樂發現自由的活著自己所做的事情跟平時差不多，也就是平時就是自由的、獲得支持的；第二個重要的發現是做自己喜歡的事情，

不僅會開心，在遇到挑戰時也不會憤怒、想要放棄、或者沮喪，這個發現令樂樂對學習的看法發生了質的改變。原先以為是學習令人厭煩，原來是自己面對挑戰和期待落空時自己如何面對的態度問題，這使得樂樂不再單單把學習看成是個令人討厭的朋友，而是通過學習、與人互動、做事情，通過面對挑戰、困難讓自己成長和從中學習。這個發現令媽媽和樂樂都非常的開心，願意積極面對並勇於承擔責任。一場可能的風波就這樣再一次的被發現是化了妝的祝福，令這個小生命再一次的回到自己的力量裡，輕鬆前行。

## ♡ 讓愛擴展，流向自己、流向他人

故事中的媽媽就是我，從一個焦慮、憤怒、用要求管束孩子的媽媽走向一個可以聆聽、接納、給出空間、允許、相信、陪伴孩子，真正可以支持到孩子成長和發展的媽媽，要感恩在心教練體系的學習和修煉。

進入心教練體系的學習，源於受到Eva老師眼神的吸引，從老師的眼神中感受到無邊的接納、某種我渴望的堅定和力量，感受到心被吸引。經過兩年多的學習、訓練、教練和修煉，才慢慢的悟到這個體系的力量和美。

學習心教練有一段時間了，我的收穫和改變是什麼？我心裡冒出來的第一句話就是：愛與自由。

在進入心教練之前，親密關係的種種發生，親子關係的種種挑戰，讓我的心體驗著酸、甜、苦、辣，總渴望美好的體驗重複發生，教育孩子更有章法。但心仍在苦海裡，不得解脫。心教練的修煉讓我的注意力從外在移動到內在，從腦的有意識或無意識的觀點、認為、情緒的干擾中移到心海，在這

裡沒有顧慮、沒有擔心，只有無限的可能性和敞開、無量的自由和寧靜，在這裡唯一聆聽到的就是愛，讓愛擴展，流向自己、流向他人。

## ♡ 讓愛自由

心教練體系是一個養覺的體系、培養人愛的能力、心腦合一、知行合一、天人合一的能力，修煉的並不只是一個技能或技術，而是一個人生命的整體與整合狀態，無論在工作或生活中，每個情境的每個片刻都是修煉的機會。

陪剛拿到駕照的大女兒在路上練車，慢慢的走在主幹道上，聽到後面催促的喇叭聲，女兒慌亂了，著急中加大了油門，我告訴女兒：「做個深呼吸，把注意力放在自己身上，穩穩地開，照顧好你自己的安全，相信他也會照顧好自己的需要。」看到後面的車變道後從右手邊超過去，我倆都會心的笑了。

在與老公的互動中，更是練心的好時機，以前內在的眼睛時刻在注意對方的說法和做法是否在表達愛，如果不是就會傷心、失落、失望會時刻準備著輪番登上舞臺呈現自我；而現在，我已學會從它們中自由，讓內心的愛和關懷講話，把更多的意識、注意力、允許給到心，給到愛，當愛流淌，我自由了，身邊的人也自由了。

恐懼、擔心、疑慮時不時還會來拜訪，但他們已不是主旋律，僅僅是伴奏而已，在愛中自由，愛就是自由。這就是我這兩年多修煉心教練生命狀態帶給我這個生命的轉化和改變，Eva老師的也就是心教練的願景使命是通過心教練的體系令更多的人離苦得樂、專業助人、助人專業，我想我以及各位專業的心教練就是證明，希望更多的人也能從中受益，活出愛與自由、活出真實的自己。

## 4-12　心教練很不同於其他的成長課程

曾玉霖

> Eva老師要出書了，聽到這個消息，太開心，也太感動了，我很慶幸，
> 我的生命中有Eva和心教練，因為她們……此時的我，更能感覺到輕
> 鬆、自在及幸福感。

這些年來，因為我學習東方心教練，我的足跡也從臺灣延伸到了大陸各地的幼兒園，一路上我結識的人，看到的風景，學習帶給我的體驗和領悟等等都讓我對自己50歲的生命有了更深刻的體認。

### ♡ 孩子沒有問題，有問題的是大人

回想7年前，孩子正值青春期，常在學校出狀況，當時的我，心裡既害怕又擔心。我是一名幼兒園園長，對於教育我很在行啊，我怎麼可能把我的孩子教成這樣？我是怎麼了？

帶著這些疑問，我去參加了父母成長班的課程。第一堂課，老師問了我一些問題後，對我說「孩子沒有問題，有問題的是大人。」我很詫異，心想如果是我有問題，那我的問題是什麼？帶著這些困惑，我開始接觸一些心靈課程，但是不成系統的片段學習，只讓我知道了一些理念，經驗了一些比較表

淺的自我認知過程，卻沒能真正打開我的心扉，讓我由內而外的蛻變。

五年前在我孩子要上高三時，他找不到他學習的目標，我送他去上了有關自我覺知的課程後，他有了很大的轉變找到了學習的方向。在老師的身上，我發現老師就是孩子的教練。所以我告訴自己，我也想成為我孩子的教練。

當我心裡這樣想時，Eva老師的課程就即時出現了。當時我內心有個聲音很強烈的告訴我：我一定要去學習心教練。這是我學習過這麼多的課程，第一次這麼強烈的聆聽到自己內在的聲音。

就這樣，我踏上了心教練的學習之旅，也踏上了我人生的蛻變之旅。正是在這趟旅程中，我開始重新也從心認識自己、發現自己、完善自己。

## ♡ 人生只有一個問題

在一次演講裡，Eva老師問大家：如果人生只有一個問題，這個問題是什麼？我想就是「覺」與「不覺」，記得第一次上心教練的課程，上完的第二天，早上剛睜開眼睛，我第一次感覺到我的頭腦沒有聲音了好安靜啊！這時我才覺察到以前我有好多的情緒，可是我卻不知道我怎麼了？這些情緒為何而來？透過那五天心教練的課程，我知道所有的問題，真正的根源就是自己的大腦太強大了，當頭腦安靜下來時，我可以用「心」來說話，真是一個奇妙的感覺，也是第一次這麼深刻的體驗，因此我將Eva心教練課程帶進了幼兒園，我也連續二年去上海上了21天的專業教練傳道班，跟著Eva學習，我開始向內看自己，並在每個發生的當下覺知自己，當我的心念及看法不同時，心境就轉

了，心教練不僅幫助了我，也幫助了我的家庭及我身邊的很多朋友，2016年在大家的協助下台灣成立了「中華心教練發展學會」，讓更多想要成長改變的人可以一起共學，而我成為了一名心教練，這是我從來沒有想過的事。

## ♡ 上過很多課，卻不能真正解決問題

談到工作，從大學畢業我就在幼兒園工作，我們是兄弟姐妹一起工作，既是工作夥伴又是家人，所以在角色上有時是很難拿捏，或在認知上，自己是混淆的。並且我的父母早逝，大姐如母，自然我也把很多的期待放在大姐身上，所以這二十幾年我很認真工作，常常工作到很晚，或是回到家還在處理學校的問題，就是希望可以得到別人的認同。所以當我感覺得不到的時候，我就開始和他們對立了。

在工作中就有很多的衝突和溝通不良的地方，從小我也不習慣表達我的情緒，很多時候我是把情緒放在心裡。壓抑久了自然表達出來的就是強烈的情緒？所以我們彼此很難有很好的溝通；而我去上很多的課程，也是想解決這一個部份，但效果都不大。後來學習了心教練，我發現，其實我是不快樂的，因為長期在工作上我也不知如何和他們溝通，很多情緒自己也不明白，為了維持姐妹的關係，所以我選擇了離開幼兒園的工作，當時我是帶著情緒的，心中有很多的不甘心，認為我為工作付出很多，我把很多時間投入工作，學校愈做愈好，而我忽略了家庭，孩子沒有教好，最後換來的是如此下場，好像這個離開有很多的不得不，離開之後，每次談到這個部份，心中總是有很多的悲傷，而我也一直不敢去面對他們。

在那段傷心、沮喪，探索自己的過程，感謝Eva老師、同學的陪伴，透過21天，我明白，一切源頭都是在於我自己，我明白了我和別人溝通上的問題來自於我自己不表達，生氣時的模式是不講話，但卻期待別人來懂我，可是如果我不表達，別人怎麼可能瞭解我呢？

當對自己有更多的瞭解和探索時，我明白那個離開，內在真正的我是渴望自由，為自己真正而活，明白了這些，內在就有一股感動，感謝我的大姐和姐夫對我的培養和照顧，讓我有勇氣做我自己，而我們的關係也因為這樣又回到以前了，但不同的是心中少了這一份期待，關係更自然、更自在、更合諧，我真心感謝這一切的發生。

## ♡ 心教練是可以做一輩子的工作

Eva老師曾說：什麼工作可以做一輩子？50歲之後我也常問自己，做什麼事情自己最喜歡，最有學習和成長，也最能獲得成就感及價值？我的答案是：心教練，心教練不僅能夠更深層次的認識自己，理解他人，還可以透過助人心智模式的轉化讓人離苦得樂。當我能夠真正聆聽到我內在的聲音，和自己真實連結時，那才是真正的做自己，愛自己。

## 4.13　點心燈，成為那個人，那束光！

王維莉

> 當生命陷入全然黑暗時，只要有一個人，沒有評判、建議和分析，只是全身心的傾聽，深度的理解你，引領你，支持你，你就可以走出生命的幽谷。

　　我經歷過那至暗時刻，Eva心教練就是那一束光，指引我走出生命的幽谷，所以我心中有願，要成為那個人，也要成為那個點燈引路的人！那個人就是「心教練」。

　　我關上微信視頻，輕輕地舒口氣，心中很感慨也很感恩。遠在臺灣海峽對岸的讀大二的兒子，正被一些抉擇困擾而感到焦慮，我們經過一小時的教練對話，幫助他釐清並且找到行動的下一步，他感到放鬆而篤定。回想，他初三時的厭學，關閉房門、同時也關上了心門，我焦慮憤怒卻束手無策，此時此刻，我多慶幸自己是一名專業的心教練，我內心安定並知道如何協助兒子走出困頓，能支持他說出他想說的，做到他想做的，然後活出自己。

　　過年和兒子在去台中旅途的車上，沈默寡言的他，一反常態和我不停的訴說剛上大學的緊張不安和困擾，我靜靜的用心聆聽後，問他：「你怎麼不和臺灣家人說，卻等了那麼久等我回來才說呢？！」

他回答：「我覺得只有你理解我，能幫助我。」

我的內心很感動，一如Eva老師曾說的「缺席的媽媽，不缺席的愛」，我常年在內陸從事教練和導師的工作，無法時時陪伴兒女的身邊，但此刻，我們比過去任何時刻都親密。因為我們是心與心的交流和陪伴。

2011年我生命經歷了至暗的幽谷，家庭、事業、使命全然崩盤，再加上兒子的厭學和抑鬱，無盡的黑夜中只有絕望，活著只是一息尚存。記憶猶新，在一次因緣際會中，我進入心教練在西安開設的第一堂課，在Eva老師帶領下，我進入很深很沉的靜心中，聆聽到內在久違的心聲，雖然像風中的燭光微弱而飄搖，但卻很清晰--我要成為一名心教練、成為一名Life coach。於是，一路上我依循這心光的指引，雖仍有不安和恐懼，但沒有停止腳步，學習練習、實踐實行。

佛陀說：開悟就是停止內在的受苦。Eva老師說：唯有回本心致良知，方能離苦得樂。心教練是道也是法，在每一次的沙龍活動、讀書會、講座或心遊學中，在每一次的心教練對話和課堂上，我都能感同身受對方的苦，而我心中的光，卻在知行合一的實踐中增長變強！

## ♡ 我心是海洋

蔡琴有首很美的歌"我心是海洋"，也是Eva老師很喜愛的歌，很能代表心教練之道。

有一種光亮　小小的　卻能為人指引方向

有一種力量　微微的　卻能讓人變得堅強

有一種歌唱　輕輕的　卻能使人打開心房

有一種愛啊　淡淡的　卻能給人無限希望


我的心是一盞燭光　雖然只能微微發亮

為迷失的人指引方向　讓脆弱的人不再迷惘


我的心是一片海洋　可以溫柔卻有力量

讓魚兒可以隨波逐浪　使船帆可以順利歸航


我想要大聲歌唱　任何人都不能阻擋

讓封閉的人打開心房　讓生命快樂不再悲傷

　　現今的社會世界，遍佈焦慮浮躁不安迷惘，如何停止內在的受苦，內心的情緒之苦呢？又如何做才能回到心、獲得平靜和幸福呢？心教練指引了我們一條直達心之道。而今，我點亮心燈，在人群中，高舉、引路，歡迎你一起成為那個人那束光，加入光的行列！

一燈照進千年暗，一語穿透萬人心。

## 後 記

# 吾願無悔

我第一次在哥哥家看到真如老師「吾願無悔」這本書，立即對這四個字深深相應……

這是一本曲終人不散的書
我要獻給天國的爸爸媽媽
你們是這有機生命的源頭
也獻給我二個親愛的女兒
你們已是美好源頭的延續

這是一本上天重視的書
為了讓我如期交稿
還在重慶摔了一跤
七天七夜足不出戶
感恩生命中所有的發生

這是一本十足教練精神的書
不僅內容是教練的精彩對話
書寫的過程也非常教練模式
You do-I do 一點不為自己做

感謝出現在本書內的每個人
感謝你們用生命參與每一頁
感謝老靈魂淑貞
感謝小天使魏奕
是你們演活了這部戲

人生的劇本此起彼落

一旦選好了劇本

無論什麼角色

吾-願-無-悔

心教練從發展個人創心到組織創新。

附 記　　**如何成為心教練**

## 問道心教練

潘素霜

我的老師Eva一直在説東方教練之道，我很好奇：為什麼需要東方教練？東方教練和西方教練有什麼區別？

道，道是什麼？東方教練之道和西方教練會有什麼區別？

終於，得此訪談因緣，步入老師內心世界一窺究竟。

老師總是如此善解人意，此次訪談我根本是無備而來，然而老師沒有任何問詢，自己便侃侃而談。整個訪談，有如一江春水，潺潺流動，隨順、自在、安然，同時力道十足。

### ▋ 東方教練之道是什麼？── 發展東方教練的專業與事業道路

Eva老師説：以我在上海18年的觀察，現在的教練們很多人找不到自己的路，他們上完課後沒有自己的教練，有少許人憑藉原有的資源和機會走上了教練的道路，卻不持久；還有絕大多數人，仍在探索，也有很多人下了決心辭職了，但最後並沒有成為教練。

這其中的道是什麼？東方教練的發展之道是什麼？培訓課程結束後你要怎麼走出你的教練事業之道呢？這條專業的路究竟怎麼走？我想這是每一個想要成為專業教練的人都會關心的事。

東方心教練就是要發展東方教練的育成道路，讓想要成為教練的人，能夠真正成為教練，這不是一條小路，我希望這要成為一條大道，讓眾人的生命因為擁有專業教練而受益，這是我的心願。

## 為什麼是東方教練？與西方有何區別？

東方心教練指出教練的育成之道是：訓練+教練+修煉

一個專業教練一定要經過訓練加教練加修煉的過程。

訓練，就是專業的教練培訓與練習，現在這一部分市場上的產品很多。

教練，指教練別人也指被教練。一個專業的教練一定是有自己的教練和被教練者，很多教練都想著去找客戶教練別人，但如果自己都沒有被教練，做教練的人自己都沒有鏡子，你怎麼去做別人的鏡子？

而修煉，更是教練的內功，也是勤拂拭自己內在明鏡的一個過程，教練在會談中的處在當下、建立同在是需要不斷的個人修煉才能真正達到的。

我的心靈導師Dr. Rahasya，我深信他的課是世界頂級的修煉，我每年持續參加他的課至今已20年。可是對大多數人來說，當他上完課離開了，你有疑問時想問他你也找不到；所以完整的學習和轉化是當修一煉之後還需要加上教練，進入修一行。

目前我們的教練培訓有很多都是來自於西方的教練技術，同樣的他們訓練結束下課後也是一樣就離開了，那麼多的教練學員在學以致用的過程中如果有了困惑他們可以去問誰呢？

**所以教練們如何持續的被教練和修煉是影響東方能否有足夠多好教練的關鍵因素！**

同時東方人有東方人特有的文化和心智模式，如果有一條我們自己的東方教練發展之道，有次第的培養出東方人自己的專業教練、導師、督導，充分支持東方教練的成長、成功、成全、成道，這對於整個教練行業、對於所有人都是具有非凡意義的。所以我們除了向西方學習，還必須發展具體在東方的落地系統與踐行之道！

當我們說東方，指的是華語文化，不管你是住在東方還是西方，只要是講華語的，都是來自東方。所以我們將會教練和教化的是世界華人。

在這個道途的發展上我們不需要分別心。東方教練之道，並不單指東方心教練。東方心教練也只是一個名字，就像我們每個人出生後就會有自己的名字，雖然我們的姓名不同，但我們一樣都是東方人。

凡是有相同的道心、關注如何育人的培育體系，我們就有了相同的生命願景，願意盡心致力的推動東方教練專業與事業發展之道。也盼望所有的教練體系、有志一同的來共同探索探討這個東方教練專業與事業發展之道如何更加落地與實踐，在求道的路上大家心意相通、心神合一、同心同願探究這道途如何走到百花齊放，心花滿地。

潘素霜：原來「東方教練之道即是發展東方教練的專業事業道路」。這打開了我新的視角。

學完教練的我已經辭職，一直在思考要如何成為全職教練，如何拓展我的教練事業？我一直考慮的是我自己，老師考慮的則是許許多多和我一樣的教練和想要成為教練的人群，以及這些教練將會影響的所有人。

從老師鏗鏘有力的話語中，我感受到這個心願的力量，當下備感震撼。

## ▍這個願從何而來？是生發於何時？

Eva老師說：當我在臺灣做企業專職教練的時候就開始了。

1994年我曾在臺灣一家企業裡面擔任績效教練，當我做到國際第一名，在美國公司、亞洲公司、歐洲公司，我做到了世界績效教練的冠軍。這個冠軍的評選標準是：

一、看教練的團隊業績，我的團隊有10個人，這10個人的業績都必須保持優異，而不能只是靠一兩個人的業績好，需要10個人的業績都要好，所以團隊業績指標看的標準就是：客戶持續的購買率。

二、客戶持續的購買率，如果客戶只買一次就不繼續買了，那是因為運氣，如果他會持續購買這才是代表你的真本事；所以這些考核的指標還需要有：每月新的業績。

三、每月新的業績，包含客戶繼續購買的記錄、以及團隊每月平均業績等。

我做到世界冠軍那年是在美國聖地牙哥上臺領獎，當時放了一部5分鐘的片子，訪問我的家人和我的團隊，當我一一聆聽他們內在誠摯的心聲，我在當下內心升起了身為教練對他人生命的重大意義和價值。

所以說作為一個專業教練，我是很重視人們的成長和成功的，教練的成功是來自於看到那群人在臺上說著他們的成長和成功，就是我負責教練的那10個人，每一個人都有被採訪，講出他們是如何成長和成功的心路歷程，這些歷程都是他們實現了自我改變的過程，他們當中有一個人，她從來沒有獲獎過，當時她也非常激動的獲獎了……你知道嗎？當你看到有一群人，他們在分享著那些心裡話的時候，我深深感受到一個好教練對他人生命的意義和價值。為了看到所有生命都能活出自己存在的意義和價值，當時我在心裡立志說我一定要培育更多更多的好教練！

所以從那個頒獎後我就開始思考，為什麼我可以做到？為什麼我的那些同事他們做不到？我們是一個教練式的銷售型企業，有很多位專職教練，我知道他們心中也很渴望能助己助人地做到。

我分析總結自己的優勢，第一是我有十年心理學工作經驗，這是專業訓練帶給我的優勢；第二是我有無我利他心。當教練過於追求自我的目標，就會在會談中帶有教練切身的目標，雖然也關注客戶的目標，但很容易混淆。當時我在臺灣做績效教練的時候，我常修煉自己的念念分明，面對每一個會談時，我都會去覺察我有沒有植入自己的目標，如果有，我會把它放下，完全聚焦在客戶的目標，這就是無我利他心。

　　從自己做到一個好教練的意義和價值，到如何發展出其他的好教練，這是我在臺灣就定下的生命目標。我也看到只是靠企業內公司的培訓不足以培養出專業的好教練，所以我發願要研究出如何真正育成好教練的訓練、教練、修煉。

## ▌如果這個願實現，會是怎樣的畫面？

　　教練服務的過程就是生命醒覺／All in Awareness的過程。

　　我的看見是，從一個人的醒覺到多數人的醒覺，這會是個自然的過程。所以如果你問最後我會看到什麼，我看見透過訓練-教練-修煉，教育-教練-教化，所有的成人生命發展不再支離破碎，教育不會只是教育的問題，他們也會有教練，教練也不再有教練的問題，因為他們有教化有修煉；所以這個訓練-教練-修煉，教育-教練-教化，其實是面向所有生命發展的歷程，也就是說如果生命成長沒有這三環循環的話，它就只是頭痛醫頭腳痛醫腳，解決問題的能力很難真正發展起來，所以企業裡面人的問題透過很多的培訓還是一直無法真正解決，或是上再多的課也沒辦法真實的瞭解自己；人們還是依然卡在那些舊有的問題中……

　　如果你問我最終的看見，那就是社會和諧，世界和平，人類醒覺，無憂無懼，真善美智……

## ▌為什麼是東方教練？與西方有何區別？

東方教練之道在於醒覺／All in Awareness，教練要從自己的醒覺開始。

教練自身如果沒有時時醒覺，如何引導客戶醒覺？就像是問道於盲或是瞎子摸象，你自己所沒有的，你將不知如何給出。

東方心教練是東方心學的應用和實踐。

東方心學之用在於覺行。陽明心學在心教練的主要應用之道是三大點：

致良知／打開心，

心即理／心腦合一，

知行合一／覺知覺行。

致良知談的是回本心，我們要引導對方回到他的心上；心即理就是心腦合一，一旦回到本心之後，心和腦的狀態是合一不抵觸、沒有衝突的，清晰的。而知行合一在於覺知覺行，這個 "知" 在於 "覺知"，它不只是認知和感知，我們的頭腦中種種思維和觀點是認知，心中種種情緒和情感是感知，心腦合一是覺知。東方心學中論及的知行合一在心教練中的應用即在於心知心行覺知覺行。

**所以我們所有的訓練、教練、修煉，都圍繞著覺知覺行。**

**因此「心教練、教練心」在東方教練之道上會持續實踐「訓練知心-教練練心-修煉問心」。**

## ▎為您的這個心願，希望外界如何呼應？

我希望有一群志同道合發心發力的教練們可以一起來共創東方的青色組織，讓這個大道至簡、己達達人的可能性一起説出來、做起來、活出來！

我希望所有目前已經是教練的人或是想要成為專業教練的人，或是想要支持生命成長與發展的人，無論是任何學習體系，我們一起來探索與發展東方教練之道，教練的生命發展就是所有人的生命發展，因為人人都需要好教練。

道可道，非常道，它既是道路，也是道理和道法。

如果你對此道有任何共鳴或感受，歡迎與我們聯繫，分享你的道，也共創東方教練之道，成就生命發展之道！

聯繫方式：eva@evacoach.com.cn

# 見證心教練在企業的應用

魏奕

在心教練傳道班的課堂上，經常會發生心教練如何在企業應用的討論。"心教練適合企業嗎？企業裡的人能接受嗎？要怎樣介紹它才能讓企業的人聽懂？它在企業中的功效和價值究竟是什麼？它的效果如何被衡量？……"

這些討論觸動我想要寫這篇論文。

我不希望這篇論文停留在理論討論的層面，而是能記錄一個真實的心教練進企業服務的案例，反思它的成功和經驗，記錄它真實發生的過程。因為這個發願，這個案例在我的眼前真實發生了。

這篇論文將圍繞一個主題展開探索：心教練是一味什麼「藥材」？相對於其他藥材，它有什麼獨特的價值，能解決企業的什麼難題？

"如果你想要做的是些小修小補，就在做法和態度上下功夫。但是，如果你想要實現巨大的，量子級的進步，就要在心智模式上工作。"

— 史蒂芬柯維

If you want to make minor, incremental changes and improvements, work on practices and attitude. But if you want to make significant, quantum improvement, work on paradigms. – Stephen R. Covey

## ▌ 概述

企業的活動始終離不開人的改變這個課題。無論是績效提升、戰略創新、流程改進、團隊凝聚……這些的成果都要通過人的改變、採取行動才能完成和實現。只有人發生實在的改變，企業才能發生改變，只有人的目標和志願達成了，企業的目標和志願才能真正達成。如今越來越多的企業真切地體會到：人的發展就是企業的發展，人的進步就是企業的進步。

然而人如何才能發生實在的改變？傳統的企業總結了這樣的經驗和原則：

第一、人的心智模式必須發生轉變，包括有改變的動力、目標、信心和意願等等。

第二、人的能力必須得到提升，包括掌握應有的知識、技能、操作方法和流程。

第三、組織必須配備相應的支援（包括體系、流程、人員架構等等）、付出相應的回報（嘉獎、報酬、升職等等）、或者定義相應的後果（失去晉升機會、處罰、乃至辭退）。

在實踐這三個原則的時候，企業經常發現最難的是第一條：人的心智模式的改變。真正的學習應是不斷排除心智中的干擾，落實知行合一的過程。

所以從培訓和諮詢服務提供者的角度，我的觀察是「改變人的心智模式」是企業最最渴望，但是也最未被滿足的需求。

東方心教練的創始人Eva Suranga教練是這樣闡述心智模式的改變過程，以及心教練對這個過程的幫助："心智模式包含了人的情緒模式、思維模式和行為模式。能夠感知客戶的心智模式，是作為一位心教練最最核心的能力。教練如果能夠透過心智模式閱讀對方的身體、思維和情緒語言，就會像一盞

明燈或燈塔，在客戶的內在世界照進一束覺察之光，支援到客戶看見他固有的心智模式和內在限制性信念是如何形成他的人生干擾，因為一個人若能看見問題背後的問題，他才會有真正由內而外的轉變。"

在我親身參與的案例中，高管團隊都認知到凝聚員工的重要性。他們也不缺乏相應的知識和理論，有些學員還接受過認證課程的培訓，具備這個話題上授課的能力。可是真正的改變和行動必須經過內在的覺察，看到問題背後的問題，動搖固有的心智模式和限制性信念，才會發生。

## ▌方案定位

綜合上面的幾點，我們給客戶定出的方案是一次「做減法」的心對話。和以往添磚加瓦的培訓不同，我們決定不再給大家更多的知識、理論和經驗分享，而是把這一天聚焦在提升覺察，減少內部干擾上，體驗如何通過由內而外的領導力凝聚人心。

工作坊主題定位為：「凝聚員工－由內而外的領導力」。這其實是一次團隊的心對話。正像心學創始人王陽明先生所說的那樣，在外部追求心智改變的動力和理由，就好像「拋卻自家無盡藏，沿門托缽效貧兒」。而心對話是一個向內探索和發現內在無盡寶藏的過程。它不會引起外部要求所帶來的防禦、戒備、抗拒，人們在完全開放、安全的情況下深入探索自己，重新感受和覺知平時看似熟知的問題，在曾經被固有的限制性觀念佔據的領地發生全新的看見，從而產生全新的行動動力。

●心對話的過程

這一天的心對話由Eva教練主導，帶領4位助教和1位觀察員。

● 心對話工作坊的過程

工作坊的核心設計理念是"以身作則"：工作坊的主題是"凝聚員工－由內而外的領導力"，那麼心對話，包括Eva教練和助教團隊，必須給學員示範什麼是由內而外的領導力，怎樣凝聚人心。

史蒂芬柯維提出：全然地凝聚人心必須兼顧人的四個方面：身體body、頭腦mind、心heart、精神spirit。我就借用柯維的這個模型來回顧這次心對話的過程，看看在這些方面，心對話是如何觸動、啟發、凝聚學員，從腦走到心，心腦合一的。

● Body & Mind：安頓身體、安定頭腦

走進今天大多數企業的培訓課堂，經常會看到學員面前開著電腦，手裡劃動著手機，脖子上夾著電話。身體多半處在快節奏、緊張、扭曲的狀態，很難來到當下。這個企業也不例外，走進工作坊時，大家的肢體都顯得比較緊張，很多人手拿手機，隨時準備去處理工作中的突發事件。

這些大腦活動如果非常頻繁，會阻礙學員聽到自己對員工凝聚力真正的感受、看到自己對待員工凝聚力的心智模式究竟是什麼。

這個時候，身體需要安頓，大腦需要安定。

為了幫助大家的身體空間有連接感，工作坊佈置時去掉了通常的大圓桌，讓每個人的座位之間沒有阻礙，五個小組圍成五個圓圈，面對面暢通地交流。

在進入小組討論之前，Eva教練帶大家做了一段靜心，安頓身體，處在當下。有些學員發現安靜下來很難，眉頭緊鎖，怎麼都打不開，兩手緊緊抱在胸前，雖然閉著眼，卻好像在研判眼前的一切。Eva教練針對眼前的情況一一

做引導，慢慢大家把腳放到了地上，鬆開了抱著的胳膊，放下了手機，漸漸進入比較放鬆的狀態。

靜心過後，Eva教練詢問大家感受，很多人立刻對放空頭腦的體驗有所感觸。有人很快就把它跟領導力連接起來，說到自己在跟員工溝通的過程中很難放空頭腦，不帶評判、不急著給建議，或者不想著自己急著完成的任務和要承擔的壓力。從這裡，大家自然進入了今天的主題。之後在整個工作坊過程中，Eva教練在需要安定的時候都會帶大家做靜心。工作坊結束前，更是做了一段接近半小時的靜心放鬆。有一名大區經理說，這段靜心讓她的身心徹底放鬆了下來，是很久也沒有的體驗。也有學員後來回饋說，在靜心中，她看到了好幾幅美麗、放鬆的畫面，覺得非常愉悅和嚮往。

可以看到，當身體安定在了當下，頭腦層面的思維活動變慢了，注意力從外面的工作世界聚焦回到了眼前的工作坊學習裡。

● Open Heart：打開內心

在需求分析過後，Eva教練簡單介紹了由內而外的領導力LEADER模型和員工凝聚力的關聯，然後直接帶大家做心對話的體驗，這次體驗帶來了工作坊的一個高潮。

對話的對象是一位二線經理。他沒有想到被推薦做心對話，而且現場有40多位同事觀摩，有人還在旁邊竊竊私語，所以一開始會頗有些緊張。Eva老師請他把眼睛先閉起來（引導他體驗…人是如何可以不受外界現象的干擾）她說：在外在有這麼多人的時候，如果還能夠經驗到內在的穩定，而不受外在的影響，這就是由內而外的領導力的核心……於是可以看到這位學員慢慢安靜了下來，真實的進入了自己的內在空間。

這段對話體驗只有不到15分鐘，但是對於這位學員來說，內在卻經歷了巨

大的轉化。特別是當他覺察到自己從非常不願意當眾講話，到非常想要傾吐心聲的內心真實變化時，他的雙眼流露出巨大的驚歎和喜悅……他不由自主地屢次停下正在說的話，去感受自己的內心，然後感歎的說為什麼自己這麼想講。

這位學員非常敏銳，他立刻捕捉到教練全然的傾聽（L 用心聆聽）和感同身受（E 深層同理）是使得自己產生這種感受的關鍵所在。他恍然大悟地笑著說："我知道了，因為老師真的在聽，當老師完完全全沒有自己的需求，只關注我的想法。當有一個人這麼關注你的時候，你就很想要說了！"（A 真誠關係）

我們可以看到，這個真實的經驗對他的啟發和觸動非常深。他開始快速思考這種有效對話（D有效對話）在自己團隊中進行的可能性──有沒有可能發生在他和員工之間？當教練問他之前對Demo（以身作則）這個勝任力的疑惑和猶豫時，他說已經感受不到任何猶豫了（E 內外賦能）瞬間是如此充滿信心和動力（R 成果非凡）。

這個過程充份見證了，組織績效發展和各種問題改變必需從發展個人的心智轉化開始。

為什麼心對話會有這麼大的力量？這是接下來在場的學員一直在討論的問題。有人覺得神奇、嚮往，有人認為自己很難做到，也有人半信半疑。僅僅做到用心聆聽、感同身受，就可以凝聚員工嗎？這似乎太簡單、太容易了。事後也有學員問道：「這是領導力嗎？這不就是非常基礎的溝通技巧嗎？」

這一切都是個人心智模式發生轉化時組織會經歷的過程。

設想一個人之前的心智模式是「員工凝聚是一件複雜的事情」、「光靠我個人是做不到的，系統、薪酬、職業發展這些體系不健全，就無法凝聚

員工」，或者「人都希望少付出，多回報，所以凝聚人心是一件很難的事」……就會覺得這樣的方法是不可能的，會試圖用舊有的經驗去解釋它、合理化它。

可是心的力量被打開時，就是如此有力和高效。作為親身體驗者，對這個效果毫無懷疑，在工作坊剩下的時間，可以看到體驗心對話的那位經理他的領悟不斷發酵、繼續冒出來，他不斷表示要在自己的工作中做這樣的嘗試。

● Open Spirit 精神的凝聚 -- 一念心轉的"Aha"時刻

工作坊中有好幾位學員發生了重大的一念心轉（"Aha"moment）：有一位市場部負責人突然意識到，過往自己在做焦點小組的過程中為什麼無法收集到消費者真正的心聲。有一位銷售部的老大終於看到自己給出大量建議的習慣是如何讓員工失去了動力和主觀能動性。另一位銷售部負責人則突然明白過去她接受的教練服務為何很難讓她產生有價值的感受……

當身在當下、頭腦安定、內心打開的時候，人似乎會很容易看到之前看不到的盲點。當這樣的「Aha」發生的時候，人進入了心流，被深深吸引和凝聚。如果工作中經常有這樣的「Aha」機會，員工絕對不會因為感到「學不到東西」而離職。這對領導者提出的挑戰是：你可以讓你的員工Aha嗎？

● 小結

這是一家已經吃了很多良藥的企業，過去的藥主要是在腦、在做法和行為的層面工作。它們很好地解決了「知道」的問題，但是學習者的心智模式沒有得到充分的轉化，所以沒有能夠持續的「做到」。

心對話對他們而言是一個全新的體驗。通過運用LEAD的四個勝任力，由內而外地engage對話對象的四體：身、心、腦、能，實現對方心智模式層面的轉化。

● 心對話之後的反思

　　這一天的心對話工作坊非常成功。人們不同程度看見了自己在員工凝聚方面的心智模型和限制性思維，大多數人樂於嘗試跟自己的員工用LEAD做心對話，聆聽員工的心聲、同理他們的感受，提升自己的覺察，通過以身作則發揮由內而外的領導力。

　　一天的心對話只是提升企業員工凝聚力的第一步，讓大家明白這帖藥方的價值。如果想要持久有效地提升個人和組織的有效性，還需要有教練的跟進和督導。

活出個人的心，活出組織的心，這是我的吾願無悔。

# 論心教練學習中我的誤區與成長

劉白

在過去的兩年時間裡，我經歷了心教練基礎課、專業教練傳道班和心教練導師傳承班，從一個被老師說我是「天生心教練」、實際上是懵懵懂懂不知如何入心、問心、談心的新手到現在，基本上可以熟悉心教練十大能力、熟練操作、敢於公開做 DEMO 的導師班一員，走過了一條自以為懂、次第清晰、慢慢圓融的心路歷程。

一路征程，一路起伏，一路感悟，感謝Eva老師研究發展的這條東方心教練的訓練、教練、修煉之法門，感謝同學們的無限包容、理解和接納，讓我有了今天的成長和發展。

在這條路上，有我自己的歧路和誤區，卻也是自我成長的觸點和契機。現在分享出來，藉以鼓勵、激勵自己繼續前行，不急、不停、不怕、覺察、覺知、覺行。

## ▎誤區一：心教練就是閉眼睛

在初次公益課接觸老師，到傳道班、導師班，從訓練課程到企業助教，無數次的看見老師現場做示範，各個場景不同，各個背景不同，看見最多的現象就是，老師說「來，讓我們閉上眼睛」。所以，很長的一段時間，我總結就是，心教練就是「閉眼睛」。所以，有一段時間我的心教練輔導中，我經常邀請客戶閉眼睛。我覺得需要安靜的時候就閉眼睛，我覺得需要聯想的時候就閉眼睛，我看到客戶快要流淚的時候就閉眼睛，我覺得需要和對方同在

就閉眼睛，我覺得只要客戶說到情緒就……凡此種種，我都讓客戶閉眼睛。

的確，以上情況有些真的是需要閉眼睛，但是閉眼睛的目的是什麼？什麼時候需要閉眼睛？我其實並非完全理解和領悟。

記得有一次，老師對於「閉眼睛」做了專門的講解，我才有了對於閉眼睛的真正理解：

### 1.處在當下、建立同在

對於公開示範的一些對象裡，一開始會邀請對方閉眼睛。目的在於建立同在，讓對方閉上眼睛，通過深呼吸內心可以安靜下來，安定下來，安住下來。這對於一些在公開場合略顯緊張不能安定的人非常需要，同時也是支援對方回到自身、回到呼吸，達到當下彼此的連接。

### 2.引導對方進入內在，明心之路

當客戶呈現明顯強烈的情緒感受時，這是一個契機，閉眼睛可以讓對方深深地與這份感受同在，去連接，去感受，去體會，沒有分析判斷和建議，同時去覺察這份情緒背後的信念思維和價值觀，為後面的覺知覺行鋪好基礎。所以，閉眼睛是轉入覺察的路徑；而不是針對所有情緒都需要閉眼睛。

### 3.切斷頭腦說故事的需要

當客戶一直在自編自導自演的情節裡打轉的時候，閉眼睛有助於客戶切斷常規思維習慣，回到內在，回到心，而不是無知無覺地走在思維思路慣有說故事的漩窩裡，無法覺知覺察。我們讓客戶暫停下來，去感受身體、感受內在、感受呼吸，總之，一切是為了終止受苦、進入覺性的內在。

### 4.閉眼睛幾次會合適？

有時看到老師示範時，老師會邀請客戶多次閉眼睛，我的腦袋會想，客戶會煩嗎？經過自己多次的經驗和體驗，我發現，只要是和當下有連接，客戶不會煩。這驗證了老師的開解，去覺知閉眼睛是教練的需要；還是客戶的需要？如果是客戶的需要，他怎麼會煩呢？

### ▌誤區二：心教練就是只用心，不用腦（這真是天大的誤解啊！）

一直以來，很長的時間裡；我認為既然是心教練，當然只用心，如果上腦就是一個貶義詞，就不需要，就是不對。

所以，只要客戶一旦思考，我就覺得偏離了方向，要糾正過來。而且，自己問的問題一旦引發對方思考就是錯誤。

其實心教練的心有兩層涵義：

### 1.心智模式的心

心教練是開啟了客戶覺知心智模式的教練，這個心智模式對應了薩提亞冰山的思維、信念、觀點。人只有走出舊有自我局限和制約生命的模式，才能給自己破局。

### 2.心即是覺

心教練的服務價值是促進人的覺察；實現心腦合一，身心一致是覺性的體現。所以，坐在心上其實是坐在覺上。

## ▌誤區三：牢記「不分析、不建議、不評判」

一旦想要牢牢記住這三條，就容易成為腦袋的思想和行為的戒律，而陷入自我的控制。

其實不分析、不建議、不評判就是放下腦袋的運作，因為放下評判和建議就是讓大腦放鬆休息，需要的時候再出來工作。

不讓大腦搶先工作，是讓身體和心來工作；身心相連。所有不同修行法門都強調身體需要放鬆、可以關注呼吸，可以深呼吸。因為，這種狀態下，心更容易安靜安定，覺知乍現。所以，不是用頭腦來記住，而是時時讓自己處在身心腦放鬆的狀態下，就不容易生起頭腦的限制性思想與念頭。

## ▌誤區四：只關注心，沒有績效

有人以為心教練只關心關注情緒，關注內在，不關注績效。這也是天大的誤區。

最好的教練是做到 P=P-I。（績效=潛力–干擾）

所有的教練只有一個方向就是化解干擾、創造績效。心教練能夠快速創造績效就是因為他是從內在關注人的各種心智模式的制約，然後用覺知力（心即理）來轉化干擾，反而有了更加快速和穩定的績效。

所以，關注人們內在的波動是心教練的入口與橋樑，由這個點切入，引導人們照見覺知，找到解決問題的出口。否則就不是心教練，只是心理諮詢，心理顧問。

心教練的核心能力前六步：處在當下、建立同在、用心聆聽、有效發問、覺察制約、化解干擾，就是釐清內在誤區，聚焦於轉化限制性信念的歷程。

心教練後四步：目標設空、了解現況、促進行動、運用支援，就是在落地上實踐。

心教練不同於一般教練的是，多了前面六個步驟的 INNER GROW MODEL，先引導內在發生轉化，再創造外在的行動績效。

## ▍誤區五：心教練不適用在企業中

有人說心教練只適用於個人成長，不宜用在企業發展，企業講求的是效率和績效，一個教練過程就是要出成果，哪有那麼多時間來慢慢閉眼睛體會感受。

是的，企業要求的是效率和績效，而人是創造績效的關鍵。心教練有著快速發展人發展績效的教練模式。

一個經營互聯網企業的負責人說，我的人都是 BAT 裡面最厲害的人，過來之後，彼此互相不服氣，各據一方，很是頭疼。一直在找解決辦法，促進大家團結合作，心意相通，否則，這麼多大佬，我也很痛苦。而他的一個同行，就是看到這種狀況，在自己的企業開展「心教練、心領導力」的培訓，僅僅是一次兩天的課程，大家就深刻體會深層同理心對團隊溝通的極大幫助，企業更是看到績效力和幸福感是可以成為企業共同追求的目標。

我有幸參加了心教練的企業項目做為見習學習，我發現每一個企業項目都獲得了客戶的高度滿意，無論是企業文化或是組織力、領導力的發展；我們都發現心教練技術應用在企業的團隊建設是深得人心、快速有效。

「問渠哪得清如許，為有源頭活水來」，從人們心裡出現的動力，才是真正的源動力。有誰會不需要呢？

## ▌誤區六：心教練比其他教練更高更厲害

學習了心教練的內在技術（Inner Skill），外在技能也同步得到提升，績效也有提升，便覺得自己很牛。有了傲慢，覺得自己學習了心教練就變厲害了。不是心教練更厲害，而是自己的心中，有了傲慢與偏見。

所有教練的目的都是內在走向覺知，外在創造豐盛。每個教練體系走的路徑也許不同；但是無有高下，關鍵還是在於踐行者是否能有覺知？

所以，心教練和所有教練體系相同的都是走向內在覺知，不同的是心教練有一套訓練、教練、修煉的體系促進其有效達成。

以上不是別人的誤區，是我自己走過的路，藉以自省與自勉。

# 為什麼東方心教練是教練的教練與修煉

陳瑩

## ▌ 教練的定義

教練起源於70年代初的美國，是「專注於發展人的潛能」的一種技術和關係。對「教練」的解釋則有兩個：一個是「訓練別人掌握某種技術或動作」，另一個是「從事上述工作的人員」，即教練者。教練的提法最早由英文Coach翻譯過來，Coach在英文裡是馬車的意思，馬車不能告訴當事人去哪裡，但當事人（被教練者）可以告訴馬車你要去哪裡，馬車可以協助你到那裡。也就是說，教練不會告訴你去哪裡，教練的角色像一面鏡子、指南針、催化劑，教練是陪伴者、支持者，協助被教練者看到更多的可能性，挖掘更多的內在潛能。

國際教練聯盟（International Coach Federation）定義教練：「專業教練作為一個長期夥伴，旨在幫助客戶成為生活和事業上的贏家。教練幫助他們提升個人表現，提高生活品質。教練經過專業的訓練，來聆聽，觀察，並按客戶個人需求而定制Coaching方式。他們激發客戶自身尋求解決辦法和對策的能力，因為他們相信客戶是生來就富於創意與智慧的。教練的職責是提供支援，以增強客戶已有的技能，資源和創造力。」

IAC（International Association of Coaching）國際教練協會定義教練學是幫助個人及專業人士覺察、發現及成長的變革過程。

教練過程（Coaching）是教練（Coach）與被教練者（Coachee），在人格深層次的信念、價值觀和願景方面相互聯結的一種協作夥伴關係。教練通

過一系列有方向性、有策略性的過程，洞察被教練者的心智模式，向內挖掘潛能、向外發現可能性，令被教練者有效達到目標。

「無代馬走，使盡其力；無代鳥飛，使弊其翼。」——《管子 心術篇》。

教練的使命就是——因成就他人而成功。

## ▌教練的價值和應用

教練被稱為「21世紀最具有革命性的管理技術」，教練是一種對話的方式和生命的陪伴，對個人的成長和蛻變有著非常重要的作用，個人的變化會帶來組織，家庭，社會乃至全世界人類意識的提升。據國際教練聯合會研究報告，71%的企業管理者認同教練可以大大加速企業領導力的發展，61%的企業管理者認同教練可以改善企業客戶服務水準，74%的企業管理者認同教練可以改善企業內部雇用關係，超過45%的財富500強企業聘用了企業教練。

關於「教練」在組織或管理中的運用，目前在中國講得最多的是「教練型管理」。當主客雙方關於學習的互動關係形成的時候，就形成了「教練」。教練不是企業的專利，而是適用於所有的學習關係，比如「教師要做教練」、「家長要做教練」、「教練式溝通」、「教練式領導」，當「教練」用於企業的時候就是「企業教練」，當「教練」用於管理風格的改善時，就有「管理者要做教練型的領導者」之說。當管理者懂得運用教練技術幫助下屬通過學習獲得成長從而提高績效時，就成為了「教練型管理者」。教練在企業中可以清晰員工或團隊的目標，激發員工的潛能和創意，衝破思想限制，創造更多的可能性；使員工的心態由被動待命轉變為積極主動，素質得以提升。

綜上所述,教練不僅僅是一門技術,更是一門藝術,一門社會性的藝術。在這個社會迅猛發展,宇宙意識快速轉變的時代,管理模式已經從泰勒的追求效率,胡蘿蔔加大棒的管理時代發展到真正以人為本的時代,而且正在從以人為本到以心為本,每個人的內心都渴望過一種有意義的人生,追求自己的夢想,做真實的自己,而受到固有的思維模式的干擾,內心的渴望和現實會產生衝突,會產生壓力,焦慮,恐懼等情緒,而變得止而不前。

教練就是一個聆聽者、陪伴者、引領者,在對話的過程中讓對方看到潛能,突破限制,陪伴客戶看到「柳暗花明又一村」。

教練與客戶建立教練關係後,以教練的方式支持和陪伴客戶,讓客戶看到了更多的可能性和內在的潛能,客戶的力量是從內在的改變到外在的行動,這種改變是蛻變,會持續下去,會給客戶的生命帶來變化,客戶的變化也會給他(她)所在的家庭和企業帶來變化。教練是生命陪伴生命的歷程。

## ▌教練為什麼要訓練教練和修煉

教練之道在於自覺覺他,己達達人,助人助己。教練的作用就像一面鏡子,從鏡子中,被教練者能夠清晰的看見自己,這面鏡子要勤拂拭,不能有塵埃,教練自己首先要看到自己的心智模式和限制性信念,進行生命狀態的淨化、轉化和內化,這個過程教練本人就需要教練和修煉。

教練作為專業,無論是西方的教練體系還是東方的教練體系都提出了教練應該具備的能力,以ICF,IAC和東方心教練體系為例提出的教練的核心能力或者精粹。

| 序號 | IAC 9項精粹 | ICF職業教練<br>8 項核心能力 | 東方心教練<br>的生命勝任力 |
|---|---|---|---|
| 1 | 建立及維持互信的關系 | 展現道德規範 | 處在當下 |
| 2 | 覺察和肯定客戶的潛能 | 具化教練心態 | 建立同在 |
| 3 | 投入聆聽 | 建立和保持合約 | 用心聆聽 |
| 4 | 處在現在 | 建立信任和安全感 | 有效提問 |
| 5 | 表情達意 | 保持臨在 | 覺察制約 |
| 6 | 理清 | 積極聆聽 | 化解干擾 |
| 7 | 協助客戶確定並保持清晰意向 | 喚起覺察 | 確認目標 |
| 8 | 探索更多的可能性 | 促進客戶成長 | 了解現況 |
| 9 | 協助客戶創建並且使用支援性的系統和結構 | | 促進行動 |
| 10 | | | 運用支援 |

在教練的培訓體系中，教練通過上課知道了教練技術和教練應該具備的能力，如何從知道到做到，教練本人也會有卡住的地方，有自身的限制性思維和信念。教練如何清晰的看見自己？所以教練也需要教練，教練通過多次教練，也會看到自己的限制和潛能，並且不斷突破，讓教練的這面鏡子更加清晰，可以更好的去支持客戶。

我們知道，不論是西方還是東方的體系，都強調教練的Being和Doing，Being就是教練狀態，以處在當下為例，教練如何能夠做到放空自己，全然的和客戶保持連接和處在當下聆聽，發問，在教練的過程中，教練如何時時保持覺察，專注於客戶，同時在教練的場域中，如何和客戶建立完全的信任關係，認客戶能夠通過教練這面明鏡完完全全的看到自己，看到自己的限制性思維模式，看到自己的潛能，看到自己目標和前進的方向，這些都需要教練不斷的修煉時刻保持覺察和覺知。

教練是從西方引進而來，這些年來，教練在中國的發展非常迅速，越來越多的企業和高管聘請教練，企業組織和個人也非常願意通過教練的方式達成績效。目前中國的教練培育的市場多以請西方的老師上課，講授教練的體系課程，這是教練的訓練，西方的老師上完課後就離開了中國，東方教練的教練和修煉很難繼續進行下去，使得可持續性發展產生很大的問題；同時東西方文化的差異，東西方人的心智模式也有很大的差別，西方老師也不太熟悉東方人的心智模式，所以如何開創東方人的教練培育體系，從訓練到教練到修煉，促進東方教練的成長，Eva老師研創的東方心教練即開創了東方教練體系培養的先河，對教練學具有劃時代的意義。

## 什麼是東方心教練

Eva老師是東方心教練的創始人，浸潤專業助人領域30年，她結合西方人本、完形、薩提亞心理學、教練學和中國傳統陽明心學等哲學研發創立了一套專業助人者的培養體系，將西方的教練技術融合了東方的哲學智慧而獨創的一套由內而外、系統化的教練培訓專案。Eva老師研創了教練，訓練和修煉的訓練模式，實現教練的轉化，淨化到內化的過程，是陽明心學中關鍵行為「致良知」、「心即理」的落地與實踐之道。

● 心教練的模型

心教練的模型充分展現了東方的智慧，中心陰陽八卦圖是心教練的核心能力：心腦合一，空鬆定靜覺是心教練內在的五項修煉；望聞問切行是外在的呈現；從內而外，體現了心教練的狀態和行為的平衡。心教練應具備的十個能力是：處在當下，建立同在，用心聆聽，有效提問，覺察制約，化解干擾，目標確認，瞭解現狀，促進行動和運用支援。

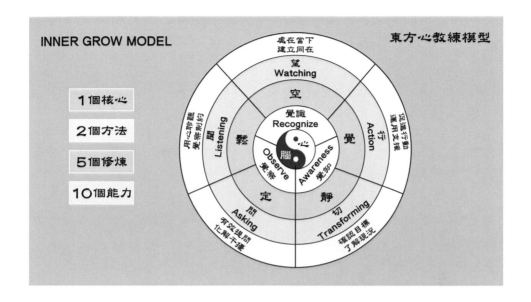

● 1個核心能力：心腦合一

我們已經習慣於使用我們的大腦思考，分析，判斷，大腦產生的觀點想法如果帶來的是緊張，壓力，焦慮，這是心腦不合一的狀態，當我們的大腦停止思考，內心安定，我們感受到的是愉悅，安心，放鬆，在這樣的狀態下，我們進行思考，會感覺到非常清晰，清醒，會生髮出很有創意的想法，感受到這個想法是自然而然流淌出來的，這樣的狀態就是心腦合一的狀態。

● 五項修煉，由內而外：空鬆定靜覺／望聞問切行

空鬆定靜覺是教練的內功，是教練狀態（BEING），望聞問切行是教練的外在行為（DOING），內外結合，由內而外。

空：頭腦放空，停止思考；鬆：就是身體放鬆；定：內心安定；靜：進入安靜寧靜的狀態；覺：是教練的核心能力，連接內在的覺察力，覺知之光，醒覺，覺醒。

望：教練觀察客戶的四體：身體，思維體，情緒體和能量體的狀態和變化，與客戶在當下全然的連接；

聞：用心聆聽；聽客戶說出來的語言以及語言背後的意義，以及感受到客戶沒有表達出來的；

問：對客戶進行有效提問，幫助客戶理清；讓客戶看到制約干擾的心智模式；

切：客戶的一念之轉，教練用覺知之光點亮客戶的覺知，客戶會從干擾之中看到希望之光，有更多的可能性；

行：客戶的覺知覺行，客戶帶著覺知朝著目標行動。

● 心教練的十個能力

1. 處在當下：教練與客戶來到教練會談中，此時此刻就在這個場域中，專注在當下，教練完全放空思緒。

2. 建立同在：教練自己，客戶自己，教練與客戶之間完全的同在，四體的同在和場域完全的連結同在。

3. 用心聆聽：教練聆聽中不思考，不分析，不評判，不給建議，用心聆聽客戶，聆聽客戶說出來的以及沒有說出來的話語和感受，情緒。

4. 有效提問：教練在心上有效提問，讓客戶有更多地看到、感受到自己限制性的思維模式和更多的可能性。問心情、問心思、問心智、問本心，是心教練有效提問的次第。

5. 覺察制約：教練在會談中發現客戶的限制性思維模式。

6.化解干擾：通過教練對話，客戶從固有的限制性思維模式中一念之轉，化解了干擾客戶的想法，觀點，客戶有空間去探索到更多的可能性。

7.目標設定：干擾化解了，客戶的目標更加清晰，運用SMART原則進行目標設定。

8.瞭解現況：了解和目標有關的現況，讓客戶結合所設定的目標知道現狀是什麼。

9.促進行動：根據確定的目標和想要去的方向，如何去，採取行動，從知道到做到。

10.運用支援：通過教練對話，讓客戶知道有哪些人可以幫助達成目標。

我們看到，心教練的10個能力其實就是生命的勝任力，這10個能力中前3個能力，處在當下，建立同在，用心聆聽是心教練的內功，如果我們每時每刻都能夠全然的在當下，與人連接，用心聆聽對方，那份關注，投入，用心是生活生命中多麼美好的發生。

後幾個能力，有效提問，覺察制約，化解干擾，目標設定，瞭解現狀，促進行動和運用支援也在我們生命中每一刻都會發生，我們想實現什麼，是什麼阻礙了我們，這就是制約，通過有效的提問，看到這些制約，化解了干擾，就會煥發出由內而外的力量，在清晰清醒的狀態中確定的目標是明確的，堅定的。瞭解了現在的狀況，為實現目標可以採取的行動，用什麼支援可以幫助自己實現目標。

## █ 如何運用東方心教練來進行教練的訓練、教練與修煉

心教練融合了陽明心學，尤其注重心智模式的根本蛻變，是一個內外兼修的生命和教練的學習體系，可以幫助組織與個人實現生命淨化、轉化和內化。如何讀懂人的心智模式，在陽明心學中「致良知」、「心即理」、「知行合一」的真諦。東方心教練是東方心學的智慧應用，可以快速有效的達成被教練者的心智模式的轉化。

心教練的核心是心腦合一，如何練心，從知心，練心到問心是心教練的基本功。

訓練，教練和修煉是心教練三位一體的學習模式。這個模式也是生命發展的模式，最終實現覺性生命。心教練體系的學習強調心腦合一，覺行合一，知行合一，天人合一，通過內在的成長獲得外在的成功。是一個內外兼修的生命和教練的學習體系，可以幫助組織與個人實現生命淨化、轉化和內化。心教練融合了陽明心學，尤其注重心智模式的根本蛻變，首先是自我覺察力的修行，覺察情緒，覺察情緒背後的觀點和想法，看到自己的心智模式和制約。若能修得心如明鏡，自然就是明心見性，也就算從覺察到覺醒的境界了。心性，是內在的至高意識；願景，是外在的至高行動。依心而行，將會與你的心性願景相遇。

# 東方心教練如何發展覺知與績效

何芸

## ▋ 一、教練的起源

談起教練，一般都會想到體育教練或運動教練。事實上我們這裡的教練或者說「教練技術」的確來源於一名網球教練的啟發，他的名字叫添·高威（W. Timothy Gallwey），是教練技術運用在企業的先驅。

這個故事發生在二十世紀70年代的美國，添·高威是一名退役海軍，也是一名網球愛好者，他發現打好網球不是件容易的事，有的人學了半年都不會。經過他不斷地觀察和思考，他總結出來一套教練方法，成功地教會了許多人快速地學會了網球，並創辦了一所網球培訓學校。

添·高威對外聲稱，他可以讓一個完全不會打網球的人在20分鐘內學會打網球。此事引起了美國ABC電視臺的興趣。電視臺立刻在社會上召集了一群完全不會打網球的人，邀請添·高威來教學，並現場進行直播。在現場，添·高威選中了一位體形肥胖、完全不會打網球的中年婦女。結果20分鐘內，這位中年婦女做到了擊球和接球，開始打起了網球。

最後電臺採訪他是如何做到的，他說：「我並沒有教她任何網球的技巧，我只是幫她克服了她認為自己不會打網球的想法。讓她從觀念上忘記了"不會"，專注到"會"的轉變，結果就是她做到了。」

這個直播引起了AT&T公司的興趣，邀請添·高威給他們的經理們培訓。授課過程中，經理們忙碌地記著筆記。課後添·高威翻閱了那些筆記時發現，他們的記錄完全與網球毫無關聯，竟都變成了企業管理的內容。後來，添·高威成為了一名企業教練，將網球的教練方法運用到了企業管理中去。

教練技術因此而誕生。在添・高威《網球的內在遊戲》中有一句話：「揭示和探索人體的潛能就是內心遊戲的終極目標」，這句話詮釋了教練本質在做的一件事就是，化解干擾，釋放潛能，達成績效。

績效Performance = 潛能Potential — 干擾Interference.

## ▎二、覺知與績效的關係

我們中國有一句大白話「只有你想不到，沒有你做不到的。」我們往往桎梏在我們的思維、想法、觀點、認為中，認為「自己做不到」、「認為不可能」，可能連嘗試的努力都沒有就放棄了。添・高威教會那位體形肥胖、完全不會打網球的中年婦女的關鍵就是幫她在觀念上放下了「我不會」，專注到「我會」的過程。

競技場上最困擾運動員的問題不是技術、技能，也不是身體素質，聽到最多的是「選手太緊張了導致發揮失常」。這樣的例子比比皆是。

經歷了分秒必爭、寒窗苦讀的考生因過於緊張在高考中名落孫山；職場中因為壓力過大，焦慮不堪無法繼續工作下去的例子也是家常便飯。如今，最困擾企業經理人們的問題是如何可以使團隊成員創造高績效，如何使組織績效更顯著。

當我們提到績效的時候，我們會有怎樣的感受？是振奮還是壓力？大部分人的回答都會停留在「提到績效就會有壓力」。有沒有一個可能性，我們的績效是行動後必然的結果？在績效目標的方向上，我們每一個行動不斷地朝著目標前進，沒有制約，沒有干擾，只是在行動中達成目標。

在心教練的學習中，我確認了這個可能性的存在。這個可能性就是我們從自己的內在出發，覺察阻礙我們達成績效的那些制約，化解它們所帶來的干擾，由內而外地產生行動的力量，一步步地去達成目標。最大的區別是績效已經不是一個我們渴求的東西，而是在行動中必然達成的結果。

覺知是什麼？是我們人人心中的良知，是內在的智慧。

陽明先生說「致良知、心即理」，當我們可以觸碰到我們內在那盞覺知的心燈時，存在於我們外在的困擾、挑戰都會被釐清、被看見、被明白，到底阻礙我們的是什麼？很多時候干擾的存在，不是那些績效帶來的數字，不是突發了什麼狀況，而是我們到底如何看待這些發生？如何面對他們？是心隨境轉還是境隨心轉？當我們看到1000萬的績效數字時，我們看到的是可能達不成這個績效的困難、阻礙，還是我們把所有的專注力聚焦在有什麼資源、有什麼可能性達成這個績效？大家可以體會一下，這兩種不同的想法所帶來的感受、心境完全不同。

「無善無惡心之體，有善有惡意之動，知善知惡是良知，為善去惡是格物。」陽明心學四句教中的良知就是覺知。當我們可以走入自己的內心世界，遇見我們的良知、覺知，我們就會看到所有的可能性，看到事物的一體兩面，沒有對錯，沒有好壞之分，所有的發生就是一個客觀的事實而已，我們會朝著向上向善的那一面，沒有干擾，由內而外，依心而行，自發自願自主地行動，績效自然達成。

## ▍三、東方心教練發展覺知與績效的關係

東方心教練的理論架構來自於東方陽明心學、西方心理學和教練學。

心教練的十大核心能力稱為 "Inner Skill+GROW" 模型，Inner Skill內在技術是指：處在當下、建立同在、用心聆聽、有效提問、覺察制約、化解干擾。

這六大能力和技術是陽明心學核心理念「致良知、心即理」在教練會談中的應用。致良知就是回到本心，回到人人都有的良知覺知處，心就會讓你看清真相，這是心教練的核心能力。當體驗到致良知時，就能發生一念之轉，化解干擾。這六大能力是可以使我們「致良知」的路徑，然而關鍵在於運用技術時教練的內在狀態，即 "空、鬆、定、靜、覺。

空是思考放空，鬆是身體放鬆，定是內心安定，靜是能量寧靜，覺是處在覺知，引導他人回到覺知的前提是教練本身處在覺知狀態。

所以心教練的本質是「用生命影響生命」、「讓覺知點亮覺知」。

在內在技術的六大能力中「覺察制約」是致良知的基礎，我們如何在教練會談中發現客戶心智模式的制約。這個內在制約會潛移默化地影響著一個人的認知、情緒和行為，在薩提亞心理學的學習中，我們稱之為「內在冰山」模型，即「心智模式」。

我們的頭腦很強大，它會幫助我們去總結、規劃、策劃、計畫，想盡一切方法幫我們解決問題，可是當我們處在不覺知時，它會喚醒你看見過去失敗的回憶，它會幻想未來會發生什麼不可控制的東西，他會產生很多想法、觀點，引發你很多的情緒：擔心、恐懼、焦慮，干擾你的行動。

從小到大生長由於環境、教育等因素，我們會形成一套限制性的思維模式，有人思考時看到的是希望，看到的是可能性；有人思考時會預測很多風

險，會產生很多負面的想法，會自己被自己嚇住；在教練的學習中，我們稱這樣的思維，情緒，行為而產生的模式為「心智模式」。

東方人的心智模式由於文化、環境的關係，有其特質，90%的東方人的心智模式是自我否定。在我們的傳統文化和教育大環境中，我們推崇權威，從小在父母的鞭策中長大，不斷要求我們必需更好，習慣與他人比較，在他人的評價眼光中獲得認同，無法自我認同、自我肯定，總是看到自己不好的地方，總覺得自己不夠好，從而形成了一個固有的思維模式。

當教練陪伴、支援、引導客戶進行內在冰山的探索，覺察到了事件背後干擾他的心智模式時，客戶將會發現這個制約，大多都是限制性的信念，例如「我不夠好」、「我不行」、「我只有做到這個才可以」等從小在潛意識裡所形成的信念，當有了這份清晰和明白時，就是柳暗花明、豁然開朗的感覺。能夠讓客戶看見限制，發生轉念的關鍵就是致良知、回本心。

「無善無惡心之體，知善知惡是良知」，發生一念之轉，頭腦安定了，頭腦裡的觀點想法轉變了，到了心腦合一共創的過程中，頭腦不會干擾，會聚焦在目標績效的達成。

GROW是西方教練中非常熟悉的模型：目標確認、瞭解現況、促進行動和運用支援。心教練的GROW是經歷了內在的探索後自然會形成的外在清晰的目標，心教練做的確認目標是幫助客戶真正由心而發產生目標，確認是不是自己內心真正想要的。當有行動計畫產生的時候，教練如何促進行動真正地發生，也是幫助客戶達成績效的關鍵。在行動實施過程中，客戶很容易陷入舊有的模式、習慣中，或者產生新的干擾，所以教練持續地陪伴、引導客戶在行動中體驗不同，讓改變發生，讓舊有的模式在一次次的行動結果中被轉變，內化成一個全新的、真實的自己。

這是一個轉化、內化的過程，也是覺知覺行的過程。

這就是心教練由內而外的教練過程，阻礙客戶的不是事件或其他人，而是客戶的心智模式。當一個人可以清晰、清明自己內在的發生，知道自己真正想要的是什麼，在外在一步步地去做出來，潛能得以發揮，績效自然達成。這也是教練技術真正的內涵：績效=潛能-干擾。

心教練做的就是化解干擾從而發揮客戶最大的潛能達成績效，化解干擾的核心技術就是「致良知」，即醒覺，讓客戶回到覺知的狀態。這就是覺知創造績效的過程。

## ▌四、東方心教練訓練-教練-修煉的體系如何發展覺知

心教練的訓練-教練-修煉體系在發展覺知上是非常的快速、有效。現在市面上的教練課程體系大多以訓練為主，教練學習者會學習很多的教練技術，但在實踐操練過程中會發現帶給客戶的效能是有限的，並不如預想的那樣可以幫助客戶實現績效，其中的關鍵是教練自身的狀態。

在教練能力認證的遞進等級中，越到高階的教練，對教練狀態的標準和要求就越高，往往學習教練越久，越感受到教練自身修煉的重要性和必要性，修煉的核心就是可以讓教練可以處在覺知狀態。

在心教練的體系中，所有人入門就從覺知起步，訓練-教練-修煉也是同步進行的，在每次訓練後會有教練跟進。這裡的教練指的是在學員應用所學過程中有教練可以支持他從「知道到做到」。

在修煉後也會有教練支持學員進入內在探索，對自己的發生有更多的發現和發展。學員如果作為一名教練的學習者，有督導運用教練式的引導、啟發

學員對教練技術和對自己更有覺察和發現。

教練的最高境界就是教練本身是一面明鏡，物來則應，過去不留。

在教練會談中教練本身不會被勾起自身的問題，從而產生評判、分析，這是教練的自我修煉，也是心教練非常核心的學習。

教練覺知的狀態在哪裡，觸發客戶的覺知就會到哪裡。教練就是客戶的一面明鏡，沒有塵埃，如實地照見客戶，照見他自己無法看見的一面，如是如實。

心教練的體系中通過「訓練+教練」、「修煉+教練」，幫助教練學習者不僅學習了教練技術本身，更關鍵的是在學習過程中不斷地醒覺，通過自我覺察，他人教練，教練督導等多角度的練習，對自己生命的探索一步步地深入，發生一層層的淨化、轉化、內化。

當自我的生命狀態可以經驗和經歷這些發生時，就會對他人的生命狀態理解、明白，可以通過自覺到覺他、推己及人，已達達人。

心教練的學習是一個逐漸深入生命內在核心的過程，通過外在技術的學習，學員在課堂上對生命真相有了知道，在日常教練和生活過程中對這些真相有了自己的體驗和明白、瞭解和領悟，是一段生命的學習、體驗、體悟的過程，是心教育、心教練、心教化的過程。

心教練導師在自己的生命體驗中不斷醒覺，通過言傳身教，「説出來、做出來、活出來」，觸動人心、啟發人心，喚醒覺知，直接影響他人的生命狀態。心教練的精神內核就是「讓覺知點亮覺知，用生命影響生命」，也是心教練可以激發客戶潛能的根本。

畢業論文

我們並不只是在做教練時是覺知的狀態，而是生活、生命的每一個時刻都是覺知的，都可以活出自己的本心自性，這樣的狀態所煥發出來的能量是時刻可以影響他人，激勵他人的！

心教練的學習體系是教練的修煉，是教練的教練，不僅在術的層面學習，而是自我探索、自我發現、自我發生、自我實現的歷程，是通往生命本質「覺知」的過程。

因為醒覺，生命得以自由和綻放，外在自然開花結果。

績效提升需要教練、教練提升需要心教練。

# 論東方心教練對心教育及家庭關係的發展價值

許美艷

## ▌ 一、何謂東方心教練

　　東方心教練（以下簡稱心教練）是Eva老師浸潤專業助人領域30年並結合西方人本、完形、薩提亞心理學、教練學和中國傳統陽明心學等哲學研發創立的一套專業教練培養體系，是陽明心學關鍵行為致良知、心即理的落地與實踐之道。

　　心教練是每個生命活出天賦、自我實現的快速通道，更是專業助人者的修煉。通過有效轉化人的心智模式從而改變生命的藍圖，實現從內而外的轉變。

　　下面簡單介紹一下心教練的學習體系：

**一個核心：心腦合一**

**三個覺察：**覺識情緒、覺察思想、遇見覺知

**五項修煉：由內而外：**

　　　　　　空-鬆-定-靜-覺　　　望-聞-問-切-行

**十個能力：**

　　1‧處在當下　2‧建立同在　3‧用心聆聽　4‧有效提問

　　5‧察覺制約　6‧化解干擾　7‧目標設定　8‧了解現況

　　9‧促進行動　10‧運用支援

通過心教練學習體系的訓練、教練、修煉的系統路徑培養人的「一個核心、三個覺察，五個修煉，十個能力」扎實、持續的塑造和提升人的內在覺知能力和外在行為表現，從而幫助個人和組織的內在揚升和成長，達成外在的績效和創造創新。

## ▍二、心教練在心教育過程中的運用與價值

提到教育，大家會想到學習各種知識和技能。人從一出生，開始被教導認識這個世界是怎樣的，進入學校，利用大腦的理解力、邏輯思維能力、記憶力學習文字、語言、數學等各科知識，大腦被應用和訓練的非常高效和快速。大學畢業進入工作崗位，卻發現強有力的認知、觀點有時會在當下現實的工作和各種關係中成為干擾，從而形成內在的衝突和關係問題。如何化解內在的衝突、人與人之間的、人與自然環境之間的鴻溝，人如何能超越自身局限活出潛能、天賦、良知。於是心教育、心領導力應這個時代發展的需要而產生了。

心教育是引導人有能力接納、超越各種知識、技能、套路、觀點、情緒、情感，聆聽到自己的生命能量、潛能、心聲，並通過外在的行為活出來、實現自我的教育。

心教練十個能力、五個修煉、三個覺察的實修和運用幫助人化解內在衝突、轉化心智模式到達心腦合一、知行合一，讓心教育的目標得以實現和落地。

## ▍三、心教練在家庭關係中的運用與價值

家庭關係包括夫妻關係、親子關係、兄弟姐妹關係、祖孫關係、婆媳關係、妯娌關係等,這裡主要聚焦在夫妻關係、親子關係。

我們都希望擁有幸福的家庭關係,而這需要智慧和用心來經營。每個人都來自於一個家庭,差異是父母、兄弟姐妹、經濟的狀況各不相同。這些不同的狀況、發生、經歷、體驗如何被對待、看待決定了成人後我們是怎樣的人,如何看待這個世界、如何感受這個世界以及內心對自己對他人又有怎樣的期待、看法、感受。

在內心深處,我們都擁有類似的渴望:被愛、被關懷、被尊重、有價值、安全、重要。

當來自不同家庭的兩個人帶著各自的渴望和期待在關係當中相處,體驗到的首先是受傷,認為自己是受害者,其實同時不自知的也在扮演迫害者。而對對方內在的需求和渴望無法看見,甚至對自己的期待和渴望也不明晰,當期待和渴望持續的得不到滿足,我們會體驗到強烈的情緒,並用情緒去表達,或者壓抑情緒。當壓抑到一定的程度火山爆發,外在就有激烈的衝突。這種狀態顯然不是我們想要的關係。

心教練的三個覺察,第一認出自己的情緒,第二發覺自己的思想、觀點、看法,在這裡如果能夠處在當下、與這些情緒能量建立同在、用心去聆聽它,通常禮物的包裹就會打開、讓你看見是什麼信念凝聚了這些能量,當被瞭解、被看見,我們就通過了這關的考驗,來到心更大更廣闊的空間,來到覺察的第三個層次:覺知。

夫妻關係如同雙人舞，一個人改變了溝通方式，另一個人也會發生不同程度的改變，心教練的實修促進了夫妻關係的發展，而不是停滯在某個階段，停下來看看，發生了什麼？我們在做什麼？我們想要的是什麼？讓彼此更接納、更允許、愛更流動。夫妻雙方在關係的發生中修煉自己，關係成長的同時，自己的生命也越來越獨立而開心、獨處時也享受生命，使得生命不斷的揚升和蛻變。

再來看親子關係，作為父母，除了對孩子深深的愛，隨著孩子年齡的增長，學業的要求，對孩子的期待也越來越多，再加上小時父母對待我們的方式也時刻無形中主導著我們對待孩子的方式。

心教練的學習和運用，首先轉化了自己的能量狀態和心智模式，在陪伴孩子的時候是以陪伴和支持孩子發現、發展他的心理能量、自信、勝任力為目標，幫助孩子聆聽自己的心聲、呈現和彰顯自己的生命能量，自信、無畏、尊重、真誠、真實的面對、處理自己的學業和關係。

作為這個快速發展和轉化時代的父母，傳承給孩子的不能僅僅是生命，我們還想要讓孩子擁有良好的品德和人格、良好的習慣、適應能力及勝任力，還有比心教練父母的言傳身教更有效的教育引導方式嗎？

# 心教練核心能力的呈現

陳藝

連結一是一扇沒有門的門--直接進入。連結自己，連結他人，連結環境。連結了自己，心就是安定平和的；在連結自己的基礎上，帶著覺知就連結了他人，就能全然地聆聽，就有了自然而然的親和；帶著覺知連結了自己、他人和環境，提問就會從心浮現，脫口而出，妙不可言。

不需要刻意地收集、模仿、嫁接，只要有連結在，一切都會自然而然地生發。你和客戶會越來越近，沒有壓力，沒有刻意，沒有猶豫，只有連結。客戶和你會在不知不覺中滿載而歸，甚至擁抱在一起慶祝！

這就是我感受到那扇智慧之門一連結。

寫到這裡，激動地有些寫不下去，內在湧上來的太多，容我休息一下，再慢慢流淌。

Eva老師的聲音瞬間響起：不急，不停，不怕。

是的！不急著寫完，不停止記錄，不怕它稍縱即逝……

用心聆聽，透過簡短的文字交流也可以感應到客戶能量狀態的變化，令客戶感到連結。引導客戶從關注降落的能量，轉向聚焦自己沒有掉完的那部分能量，穩住，説明客戶和自己擁有的能量產生連結，進而感受到賦能，激發熱情，令低落的能量再次回升。

連結，令人感受到被關注、被理解、被看見、被賦能。

有覺知地聆聽，覺察話語間的情緒，在那些強硬快速的對話裡也聽出他人背後的另有期待，自然真實的提問和表達，這就是連結！

這份連結，會及時中斷內在冰山上因情緒而引發的不友善發展，阻止了關係裂痕的延展。

空-鬆-定-靜-覺，成為客戶的鏡子，重複關鍵詞，放空思維，放鬆身體，安定抽離的看，從而覺察到情緒，靜靜地慢慢地去看，覺識到情緒後面的觀點，覺知到緊挨著干擾旁邊的良知，帶來「啊哈」的醒覺。這就是連結，做客戶的鏡子，與客戶無我的連結，客戶可以看見和連結到自己。教練的空鬆定靜覺，連結並帶來客戶的空鬆定靜覺。

## ▎連結—心教練核心能力的呈現

有句話說「關係始於連結，關係終於連結」。當有連結時，相關的關係會越來越緊密；當連結不在時，關係將漸行漸遠。

用心聆聽，覺察能量的變化，覺察情緒背後的期待，用隱喻、用愛、用鏡子連結自我，連結他人，連結環境，令溝通得以繼續，令關係更順暢，離覺知更近。

這些發生在我學習心教練的過程中的連結故事，讓我與自己、與老闆、與家人、與客戶、與環境的關係越來越近、越來越好，讓我對教練事業，對未來充滿信心。

為什麼在學習心教練這兩年，我對連結的感受、理解和掌握能到現階段，這主要歸根於心教練十大核心能力的訓練、教練和修煉。

連結自我、他人和環境的最基礎、也是最難的部分，是教練與自己的連結，當這一部分不能全然時，和他人及環境的連結就很容易形而上學。

心教練修煉的五字真經--空鬆定靜覺，十大能力：處在當下、建立同在、用心聆聽、有效提問、覺察制約、化解干擾、確定目標、瞭解現況、促進行動、運用支援，可以幫助教練很有效地體驗和養成與自己的連結。

我也是在兩年的學習中，不斷面對和接納自己的真實所有，並在2017年把「修狀態」設定為自己的年度目標，安心地聆聽自己的心聲，讓自己用心慢下來，保持與自己的連結，慢慢地養出一定程度的空鬆定靜覺，進而與身邊的同修、與家裡的親人、與工作的同仁、與客戶建立了更好的連結，自在的處在每個當下，自然與他人和環境同在，親和、聆聽和提問就隨之而來自然而然地發生了。

雖然還有很多尚待提升，比如教練的實踐、提問的精準等等，但每個當下和自己與他人同在，使連結越來越多地發生，越來越深入，這也正是我學習並修煉心教練十大核心能力的有力呈現。

坐在心上，不急、不停、不怕，繼續養覺，繼續連結，淋漓盡致地活，毫無保留地愛。

# 覺知父母心教練

潘素霜

## ▌覺知父母心教練課程體系構建

東方心教練由阮橞習老師（Eva老師）一手創建，其內涵融合東方的心學及西方的教練技術，注重心智模式的根本蛻變，是一個可以讓組織與個人實現內在淨化、轉化與內化的體系。它是一個基於整體生命觀的教練體系，從生命出發，用生命支持生命，用生命陪伴生命，用生命影響生命。它從人的本心處出發，無善無惡心之體，透過行為，看到每個生命的內在渴望和需要，化解二元對立。提供了一套「致良知、心即理」的入門鑰匙和道路，對於啟發父母覺知，從知道到做到，提供了一條效率效果雙管齊下的高效路徑。

心教練覺知父母擬將東方心教練的課程體系運用於父母身上。在這條路上，父母透過覺知教養，真正獲益到的是點亮自己的覺知之光，活出自己生命的本質，從而才能有效地支持孩子活出他的生命本質。

心教練覺知父母是父母在教養過程中透過提升個人的覺知，進入雙向循環的親子互動。覺知教養不是為了解決孩子的某個問題，而是讓覺知在每個當下告訴我們如何善盡教養的職責。覺知教養讓我們能傾聽孩子的心聲，尊重他們的天性，全然處於當下與他們同在，同時和善而堅定，自由與自律同在，並透過父母的自覺培養孩子的自覺，和孩子共同活出自由自律自覺的生命狀態。

基於我在心教練中的學習與實踐，對心教練覺知父母課程體系進行了初步構建，具體如下：

●Module 1. 淨化思維，啟發心力

我們很多的教育源自於原生家庭的影響、過去的經驗、所接受的教育和認知。作為一個生命陪伴生命發展和成長的角色，父母陪伴的是一個獨一無二的生命的成長，而父母的經驗認知只不過是屬於自己的，如果只是基於父母自己的認知去養育孩子，一定會和孩子間產生很多衝突和矛盾。放下自己大腦的觀點與判斷，至關重要。

然而我們已非常習慣於使用大腦，從小到大，大腦一直經受訓練，它已習慣於思考、分析與判斷的自動化模式。過去的經驗創傷，未來的恐懼擔心，父母很容易被大腦所掌控並以此來養育兒女。大腦會帶來緊張、壓力、害怕、擔心、焦慮等一系列情緒，會製造問題衝突與分裂。而我們的心，是通往智慧的大門，它會引領我們回歸圓滿合一的自性本體。「致良知、心即理」，當我們進入到心的空間，從心去看時，沒有好壞、對錯、高低、長短、美醜，一切都是如實如是。

心教練覺知父母的第一步就是幫助父母淨化思維、啟發心力。透過心腦識別、對大腦的覺察，認識大腦對我們的影響和干擾，到建立與心的連接。當我們進入到那顆本心，覺知啟動，在覺知中經驗生命的圓滿與可能性，透過不斷的入心、知心，持續啟發心力，不再是被頭腦所控制，而是建立由心領導腦、心腦合一、由內而外的心領導力。

當我們心力夠穩定時，我們就能穿越外在的各種聲音，穩定活出自己並給予孩子穩定的支持與陪伴；當我們能夠連接自己的內心，就可以透過心感知孩子，真正看見和理解孩子，和孩子進入心與心的連接和互動。聆聽孩子的心聲從聆聽自己的心聲開始，聆聽自己的心聲從心腦識別、啟發心力開始。

●Module 2. 啟動覺察，淨化情緒

情緒管理是絕大多數父母都面臨的挑戰。我們都帶著原生家庭的情緒能量印記，並在親子互動中把這樣的情緒狀態，有意識或無意識地轉移給了孩子。它並非只是透過我們發洩的能量傳遞給孩子，即使我們什麼也不做什麼也沒說，它們也會藉由我們所散發的能量傳遞出去。

想聽到心的聲音，建立覺知的養育，就必須對我們的情緒有所覺察和清理。「思想先行動了，感受情緒先行動了，才有外在的行為。當我們透過行為瞭解背後的念頭跟情緒，裡面外面一起看，就能夠從覺察到讓心自由。

心教練的三個覺察的練習能很好的幫助我們淨化情緒，一念心轉。

第一步，覺識情緒。

我現在有一個情緒發生，擔心憤怒不安惶恐，我要先認出、辨識，辨識自己處在當下的情緒。

第二步，覺察觀點。

「情緒背後永遠是思想」，思想創造情緒，情緒創造行為，這是我們的內外運作模式，透過看到情緒背後的觀點，進而改變行為。

第三步，遇見覺知。

覺察是為了覺知，覺知是一種「啊哈」的豁然開朗。透過覺察「起心動念」，可以發現背後的緣起，「看見即自由」，一旦看見了，選擇性被打開，進而帶來一念之轉。

父母透過三個覺察的練習，可快速有效地提升自己的情緒管理和轉化的能力；同時也能協助父母快速有效地覺察孩子的情緒，並協助孩子提升自我覺察，建立高效的情緒管理能力。

● Module 3. 識別心智模式，一念心轉

我們很容易針對外在的行為做反應，對方的一句話一個行為馬上勾起大腦的無限遐想。冰山模型告訴我們，人大腦的思考，冰山上10%是我們的表意識，冰山下90%是我們的潛意識，在你將潛意識變成表意識之前，潛意識都將掌握我們的人生，我們稱之為命運，如果我們可以把潛意識浮上表面，我們就可以掌握我們的命運。這個冰山模型所反映的正是我們的心智模式。

在家庭教育中父母有自己的心智模式，當我們對心智模式不覺知時，我們只是受制於心智模式的操控，在無明中循環；當我們對自己的心智模式有覺知時（自覺），就會打破自我導航模式，帶來生命的自由、轉化和進化；當我們能對他人的心智模式有覺知時（覺他），我們就能和他人建立深度連結。

經過Module2啟動覺察淨化情緒的工作後，我們進一步將覺知擴大至心智模式，對自己的心智模式有更多的看見和熟悉。心教練會帶領客戶回到本心，在覺知之處照見自己的心智模式，無善無惡心之體，就會帶來心智模式的根本轉化。當我們照見自己的心智模式，我們不再只是看向外在的發生，看到對方的各種錯誤與缺點，而是看回我自己的心智模式，透過心智模式的轉化，帶來外在問題的轉化。同時自覺覺他，和他人的互動，對他人的心智模式也有很好的覺察。

● Module 4. 知行合一、心對話

如今，權威式父母已經不再奏效，平等尊重是整個時代的特徵與呈現，孩子要求平等尊重的呼聲也越來越大。權威式命令式指導式的溝通方式越來越不奏效，怎麼聽孩子才肯說，怎麼說孩子才會聽，必定是心與心的連結，心與心的對話。

心教練的教練過程在心腦合一中進行，入心問心，直指核心，關注無形的

內在對我們的重要影響，強調外在行動的知行合一，所以整個過程是從inner grow到outer grow的一個迴圈，心腦合一，知行合一。心教練的十大能力是一個由內而外的過程：前六步聚焦在內在：處在當下，建立同在，用心聆聽，有效發問，覺察制約，化解干擾。後四步轉向外在：確定目標，瞭解現況，促進行動，運用支援。整個過程的進行不分析、不建議、不評判。

透過前三個模組的訓練和練習，父母開啟與逐步穩固心力，並能持續提升自己的覺知，識別與轉化情緒，透過冰山底層的覺知之光的看見，帶來心智模式的轉化。第四個模組是父母的學習與應用，將前三個模組的學習整合運用在與他人的對話中，在對話中見自己見他人見眾生。

●Module 5. 父母自身的修煉

父母每天不只是面對孩子，還有很多外在的事情需要面對和處理，在身心上會有很多的情緒或雜質需要淨化和處理，就像洗澡一樣，我們每天給身體洗澡，定期身體運動或保健，但我們有沒有給自己的心靈洗澡呢？當帶著一身疲憊面對孩子時，想想會發生什麼？

當我們理解了什麼是用心，什麼是用腦之後，我們要開始養成習慣做內在工作，就像每天出去做外在世界的許多工作，我們也要每天抽時間堅持做內在世界的工作，也就是我們的練心。

心教練的五個修煉「空鬆定靜覺」是一個很好的練心方法。空，是我們將思考放空，暫時不思考。鬆，就是放鬆我們的身體，然後進入內心安定的狀態，並進入寂靜的能量場。覺，就是教練的核心能力，連接內在的覺察力，即不帶入任何評判和分別心地，看見自己的固有心智模式和內在限制性信念。

## ▌覺知父母心教練課程體系探索之路

覺知父母心教練超越了任何固定的教養方法和策略，它是基於完整的生命哲學，在孩子和父母的互動中引入覺知的元素，它所帶來的是父母和孩子心靈的成長。覺知父母心教練透過啟發父母的覺知，使得父母有機會重新審視自己，認真面對真實的本心，從而陪伴和支持孩子活出真正的愛與自由。

我常常問自己為什麼對覺知父母心教練課程有這樣的興趣和執著，只是因為我現在時間精力的原因嗎？然而我感覺不止這些，在做這件事情中，我感受到極大的熱情和來自上天給予的智慧，我內心極度渴望能夠為人類為社會做出有價值和意義的事情，而「將覺知之光帶給更多的人，是我這一生的渴望！」

感恩有恩師Eva以及每一位心教練同學的一路同行，這條路上一直都被支持被激勵被鼓舞，內心滿滿的力量與感恩！

我曾在內心無數次呼喚我人生的導師來給我指引，何其有幸，與Eva老師相遇相識相交，還獲得一群心教練親密夥伴們的相知相行，無限感恩回饋給宇宙。


感恩合十

# 活出來的東方心教練------論心教練與個人生命發展

李柯睿

這是一篇不同於我們認知中的論文。這是一篇關於生命的作品：活出來的東方心教練。

僅以此論文，感謝魏奕教練，感謝她對我所有的支持，以及在她的教練幫助下我萌發了寫這篇論文的點子。

並感謝Eva老師的愛--一切盡在不言中。也祝福心教練的每一位夥伴，都能夠2018項目成功！

## ▋ 緣起

2015年3月，我第一次接觸東方心教練（以下簡稱心教練），是在心教練創始人Eva老師一次2小時的沙龍上。我還清晰的記得，老師在內容的分享後，帶領現場70多人一起做了一個大約十分鐘的靜心。這次靜心，帶給了我很深的體驗和影響。

首先，在Eva老師的引導語中，我體驗到了對自己「內心究竟想要什麼」的「清晰的知道」，並體驗到了「清晰的身體的感受」……

直接影響就是，我第二天去公司毫不猶豫的提出了離職----要知道，在此之前，我已經猶豫或分析了半年的時間----我覺得很奇妙，一個十分鐘的引導靜心，竟然讓我毫不猶豫的做了一個重要的決定。

另外一個影響是，當我分享了我的體驗，Eva老師在點評和回應時只說了一句話：「這--就是心教練」。讓我十分的驚訝和好奇。

這就是心教練？心教練到底是什麼？這些，都引發了從2015年7月起，我對東方心教練的持續學習之路。

如今，我連續的參加了心教練的解惑班（3天+2次教練），授業班（5天+3次教練），以及傳道班（21天+3次教練+每月被教練/督導），

並進一步參加了心教練的首屆導師班（21天訓練+100餘小時的教練+50餘小時的督導練習+100餘小時的見習+每月的被教練／督導），從此我對心教練有了更進一步的學習與體驗。自己的生命成長，也在這個過程中得以不斷的淨化、進化與轉化。此時此刻，一方面我知道心教練的學習和發展，深刻的伴隨著作為教練自身生命發展的歷程，是一個持續終身的過程，短短兩年的學習只是告一段落。

另一方面，也正因為心教練的高效、對人的尊重，其學習、發展、運用，都伴隨著教練個體生命的成長與發展。

每一位學習者的學習與發展歷程，都是用生命對教練的績效進行一份寶貴的見證，從不重複，值得珍視。因此，我也欣然借導師班畢業之際的論文機會，站在一個體驗者與參與者的機會，用體證的形式來簡要回顧這一歷程。

## ▍第一部分：我的生命歷程與里程碑

簡要回顧我從2015年7月到2017年12月兩年多的歷程，我覺得可以用這三階段來表達：

2015年7月-10月—體驗覺知：

「解惑班」與「授業班」，體驗心教練心法，初觸心教練技法，初觸覺知的力量，對教練小試牛刀。

2016年全年一自身的淨化與轉化：「傳道班」，進一步學習與修煉心教練心法與技法，在日常的覺察與修煉中不斷進展，以淨化自己和轉化自我為主，並在其中增長教練能力。

2017年全年一轉化與內化：

「導師班」，在Eva老師首創訓練、教練、修煉的專業體系中，近距離更深層次的學習心教練從心法到技法，對理論與實踐進一步融會貫通，持續淨化自己，轉化生命狀態的同時，將這份經由自身生命的影響內化為教練的狀態與能力，能夠比較穩定的進行運用。

我深深體驗到，東方心教練的學習，對「自我生命」和「專業教練」這兩個角色有一個很大的整合。這個章節，主要從「自我生命」這個部分進行描述：

兩年中自我生命發展的三個階段：

第一階段：充滿內在渴望的困頓之球

第二階段：反反覆覆的不急不停不怕

第三階段：進一步整合生命，明確人生方向

● 第一階段：充滿內在渴望的困頓之球

2015年9月，參加心教練「授業」5天班時，我作為Eva老師現場教練DEMO的對象，描述的話題大約是「我感覺自己就像一個白色的球，內在充滿能量與渴望，但是卻被緊緊的包裹著，無法發揮，無法釋放」。那時，雖然我正從企業離職，想要追求自己真正渴望的未來，並選擇學習西方教練技術，也包含東方心教練。我知道自己有這樣的一面：積極勇敢、追求成長、

學習快速、熱愛生命⋯⋯但自己如何真正去面對未來,還存在著很大的內在干擾與障礙。不自信、低價值感、自我否定、追求完美、思慮過多⋯⋯就好像一顆璞玉中混入了很多的雜質。

在那段時間的情況是,想要學習教練,既感受到是非常貼合自己的未來方向,更是感受到自己有太多的需求和問題需要藉由教練的學習過程來一一釐清優勢的發揮?未來的方向?如何看待他人的評價?自我的肯定?

以上,就是第一階段的縮影。這是指在學習教練的初始狀態,我處在一個什麼樣的情形。

●第二階段:反反覆覆中的不急不停不怕

這個階段,在心教練的每一次學習中,總是會有一束束的覺知之光被老師與同學點亮,也被自己點亮。

比如對我來說,我逐漸知道了,每當家人對我大聲說話或反對我時,我總會以為這是家人的斥責或盲點,因而十分的委屈、憤怒。然而真相是,這只是對方基於他自己模式的一種習慣表達形式,並非每次都是主觀想要斥責我。

類似這樣的真相看到還有很多,比如:看到自己獨特的多種天賦和童真般的特質,也看到自己對這些天賦特質的評判⋯⋯如我一樣不同的人,怎麼能和大家產生連結呢?童真的性格,在企業中(在生活中)有什麼用呢?怎麼能被允許呢?

透過心教練的輔導,讓我再次面對家人或他人的關係時,有了新的可能性,能夠深層的關注自己與他人,關注背後的需求與渴望,去看到真實的境況並做出反應,而不是在表面的隻言片語中陷入舊有心智模式。

然而，這些生命歷程，如同冰凍三尺非一日之寒，豈能知道就能做到？這個成長過程，對自我的覺察，從知道到做到，反反覆覆，持續不斷。

生命由內而外的改變，並不是一個容易的過程。

然而，「不急不停不怕」這個信念如同一個加速器，讓我和其他心教練的同學，在回到實際的生活中去進展一切的時候，無論外在的面對是什麼，內在都有一個深深的相信。這個相信，讓我們能夠更好的處在當下，坦然面對。

這，就是縱使成長反反覆覆，卻可以不急不停不怕的第二階段。

這個階段，還有很多很多類似的境況在發生。有的小、有的大、有的表淺，有的深入。無論是大還是小，深還是淺，在點點滴滴的覺察、覺知，覺行中，這一切得以發生、發現、發展。也可以說，這是一個關於內在淨化與外在轉化的階段，可以一生持續去做的階段。

● 第三階段：進一步整合生命，明確人生

如果說，第二階段，是不斷的淨化我的內在空間，讓璞玉的雜質慢慢剔除，讓一灣有濁的水逐漸清晰，那麼，第三階段對我而言，則是去看到這塊璞玉究竟是什麼玉，看這灣水究竟流向哪裡。

事實上，這些探索從未停止。就如同生命是一個連續的過程，是的，這個階段，就是更深層的問自己：「你是誰？」、「你從哪裡來」、「你要去哪裡？」，這是人生的終極問題。

每一次的探詢，都像是一種溪流的聚合，將每一個階段的認知與經歷，在覺知中獲得整合。什麼是你真正想要的？什麼是對你來說最重要的？什麼是你人生的歸屬？你會看到人生所有的經歷，在每一刻，都在彙聚向一條奔湧的大海。你會看到人生的所有，就是這個當下我們如何去經歷，去體驗。

差別，只有覺知或不覺知。

《高效能人士的第八個習慣》中，這屬於「心聲」。東方心教練的學習系統中，這，屬於「覺知」。

現在對自己未來清晰的是：首先自己做好自己的淨化與進化（發展覺知，從醒覺到覺醒的自己），然後是支持專業助人者的淨化，現在的心願是與心教練／Eva老師以及心教練夥伴能夠一起前進！

心教練在過去的兩年，我們正是在對彼此的生命進行深度的陪伴。這是一種生命的關係，包含了「和自己的關係」，以及「和他人的關係」。

其實，從「自我」到「關係」，是每個人最真實的生命發展過程。這些，就是十年來生命歷程的主題詞，也算是小半輩子的濃縮，同時也是兩年來在心教練我個人生命高濃度的進展！

第三階段，伴隨心教練的專業發展歷程，我得到了非常深入的釐清，也得到了進一步的整合，生命之路更加清晰。我知道人生路，如何才能帶著清晰與覺知的前進，一步一步的走出來，活出來，這真是生命全新／心的時刻！

感恩有這樣的整合與明白！藉助這篇論文，且把這生命的進展標注為「階段性的生命里程碑」吧！

## ▌第二部分：教練的成長之路

在第一部分，談到了作為「自己」這個生命個體的成長歷程與本階段的里程碑。

在第二部分，從教練這個專業助人者的視角，來談談成長的歷程與本階段的里程碑。計畫在2018年內更加的精進並完成這個部分的撰寫。

## ▌第三部分：生命的陪伴與共創

在第一部分，透過我個人的經歷可以看到，心教練的學習之旅就是個人生命的成長之旅。這不僅僅是我個人的感受，更是每位心教練學習者，尤其是深入學習者共同的感受。

在這些生命的成長旅程中，心教練學習者之間，彼此支持與陪伴，共同面對與創造，不但讓每個人的生命成長之旅卓有成效，也讓整個充滿心能量的團隊在無形的共進中初有雛形（2022年我們開始了東方的生態型組織─發展成人之美的東方心學苑）。

極感謝，透由這篇文章，我經歷了很棒的整合！同時也讓我再次體認到，生命的每一個經歷都是寶貴的。最最重要的，也就是此刻當下你自己以及你所遇到的那些發生⋯⋯⋯⋯

廟宇千間、鐘聲不絕。

東方人的正念與活用 直達心之道　　與心對話100錄

| | |
|---|---|
| 作　　者 | Eva 阮橞習 |
| 編　　輯 | 魏奕 |
| 校　　對 | 唐思思 |
| 社　　長 | 張淑貞 |
| 總 編 輯 | 許貝羚 |
| 特約美編 | 關雅云 |
| 行銷企劃 | 曾于珊 |

| | |
|---|---|
| 發 行 人 | 何飛鵬 |
| 事業群總經理 | 李淑霞 |
| 出　　版 | 城邦文化事業股份有限公司　麥浩斯出版 |
| E-mail | cs@myhomelife.com.tw |
| 地　　址 | 104 台北市民生東路二段 141 號 8 樓 |
| 電　　話 | 02-2500-7578 |
| 傳　　真 | 02-2500-1915 |
| 購書專線 | 0800-020-299 |
| 發　　行 | 英屬蓋曼群島商家庭傳媒股份有限公司城邦分公司 |
| 地　　址 | 104 台北市民生東路二段 141 號 2 樓 |
| 電　　話 | 02-2500-0888 |
| 讀者服務電話 | 0800-020-299（9：30AM~12：00PM；01：30PM~05：00PM） |
| 讀者服務傳真 | 02-2517-0999 |
| 劃撥帳號 | 19833516 |
| 戶　　名 | 英屬蓋曼群島商家庭傳媒股份有限公司城邦分公司 |

香港發行城邦〈香港〉出版集團有限公司

| | |
|---|---|
| 地　　址 | 香港灣仔駱克道 193 號東超商業中心 1 樓 |
| 電　　話 | 852-2508-6231 |
| 傳　　真 | 852-2578-9337 |

| | |
|---|---|
| 新馬發行 | 城邦〈新馬〉出版集團 Cite（M）Sdn. Bhd.（458372U） |
| 地　　址 | 41, Jalan Radin Anum, Bandar Baru Sri Petaling,57000 Kuala Lumpur, Malaysia. |
| 電　　話 | 603-9057-8822 |
| 傳　　真 | 603-9057-6622 |
| 製版印刷 | 凱林印刷事業股份有限公司 |
| 總 經 銷 | 聯合發行股份有限公司 |
| 電　　話 | 02-2917-8022 |
| 傳　　真 | 02-2915-6275 |
| 版　　次 | 初版 2018 年 10 月、二版 2 刷 2024 年 2 月 |
| 定　　價 | 新台幣 380 元／港幣 127 元 |

Printed in Taiwan

國家圖書館出版品預行編目（CIP）資料

直達心之道／阮橞習著. -- 初版. -- 臺北市：麥浩
斯出版：家庭傳媒城邦分公司發行, 2018.10
　面；　公分
ISBN 978-986-408-421-0（平裝）

1.自我肯定 2.自我實現

177.2　　　　　　　　　　　　107015964